U0946018

你有迷茫，这里有微光，

愿能照亮你心里的慌，陪你一段成长。

愿你的身边人，刚好是最爱的那个，

而你们可以一直一直相爱，一生一世精彩。

婚恋心理学

爱过你，不如爱着你

北辰 李月亮 —— 著

九州出版社
JIUZHOUPRESS

序·北辰 / 月亮

One

总有傻瓜，等待枯木开花

Two

爱需要用心，更需要智慧

Three

不是所有感情都美好

Four

如果爱，请深爱

序

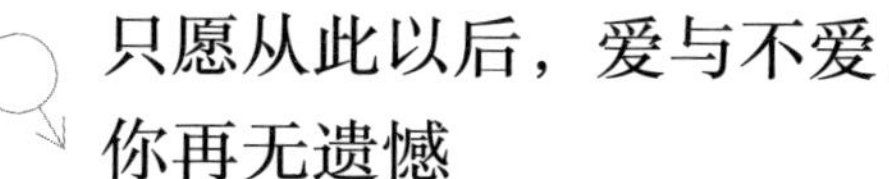

只愿从此以后，爱与不爱，你再无遗憾

北辰

月亮和星星的对话。

本来我想用它做书名。想想觉得不合适，太缺乏冲击力，如同一本温暖的童话。

李月亮和北辰的对话。好吧，我承认我们都是极简的人，写这本书的时候观点就像孩子一样执拗、坚持，充满冲突和拥抱。

得谢谢月亮，因为我的上一本书是至少十五年前出版的，而月亮的多本书一直在热销中，我懒惰异常，拖延迟缓。如果能有一个朋友总在后面踢你前行，让你不敢怠慢，那就是挚友了。

我被踢到自觉地交作业，完成书稿，这简直是惊人的人格重组。

我做了二十年两性情感和心理咨询节目，月亮也是专门写人性和情感的作家，所以我们对婚恋家庭中的琐琐碎碎再熟悉不过了。选定这样的解读模式来写，一拍即合，不容商榷。

世间最丑是吵架。

本想做书名的第二个想法，又被自己否了。灵感来自于月亮当下热销的《世界最美是心安》。

吵架的时候，真是人最丑的时候，面目狰狞，青筋爆裂，语高声大，气焰嚣张。

无数的情感问题都是从吵架开始，吵架就意味着沟通失败，谁都放弃妥协，甚至不惜放狠话，踩住对方的尊严，这无疑也是感情破裂、家庭瓦解的元凶。所以我们精选了读者来信中的经典案例，割肉断骨地解析，把枝枝叶叶的来龙去脉，整个明白。

清官能断家务事。

第三个候选书名，继续被我否掉。太生活了，像广场舞大妈读物（据说大妈都是我粉丝，应该不会来挠我）。

不过，谁的日子不是生活呢，谁的生活能不寻常呢，你我皆凡人，走在人世间，所以这本书里，你看到的都是接地气儿的问题，也许就在你身上发生过，至少你哥、你妹、你同学、你战友曾经或者正在经历着，也指不定你迟早要经历。

那就每晚睡前看看呗，没坏处。因为我们都不是坏人，不会往坏道上领你的。

我脸皮厚，语言尖锐，在书中大部分时候唱黑脸，月亮高大上一点，在上方悬挂，那么画面来了，一张大黑脸额头有月亮，有没有？

对了，硬生生组合成了一个包公！所以你还真别说，我们断清楚了很多磨磨唧唧无头无脑的官司。

因为我们是清官，头顶有月牙呢。

他说，她说。

这是最后一个暂定名，也被否了。

男人和女人看这个世界有极大的不同，对于情感关系和家庭问题的处理方式也不尽相同，有时候无关对错，路径不同而已。就像去机场，你可以坐地铁，乘大巴，打出租，不耽误到达。

况且很多两性问题就没有对错，无统一答案。所以，这本书很多章节更像《公说婆说》，我们不要求一致，只求共鸣。

我和月亮老师有一个约定，就是每篇回复都同时交作业，彼此不商量，不参考，不借鉴。虽然在事后，很多观点也有不同，也有争论，甚至很多次无结果地偃旗息鼓。但是这绝对不影响给你丰富而立体的建议，正因如此，我们才对得起自己的良心和坚守。

爱过你，不如爱着你。

这是最后呈现在你眼前的书名。北辰和月亮以及小编们，真可谓披星戴月地撕扯一夜，几轮互拍，血流成河，终于在破晓将至达成共识。细节可见，我们足够用心，丹心一片。

我们都渴望永远在爱情包围中，在进行中，是ing，不是过去式，不是被出局。那么鲜活的问题频繁出现，当你焦头烂额时，不如翻阅下这本饱含婚恋心理的书，文字里有箴言，故事里有观点。

我们不能制止分手，更不能杜绝离婚，只希望从此以后，爱与不爱，你再无遗憾。

月亮和星星每天都依然同时升起，光芒如钻。

序

愿能照亮你心里的慌，陪你一段成长

月亮

1

我每天都会收到一些读者来信。或长或短，多是情感困惑。

大概去年，一位女读者向我痛陈老公家暴，结婚十年，遍体鳞伤，一把辛酸泪。

我最恨男人对女人动武，所以言辞激烈地回了信，并准备在我的微信公众号发出来。料定大家看了也会跟我一起痛骂。

特别巧，发文之前，我听了北辰老师一期节目。

一个男人几近失控地倾诉老婆的种种不可理喻，他的种种不如意，也是一部血泪史。

“指着鼻子骂我妈，骂的那话都没法听，气得我真想揍她。”他说。

我瞬间有点怂了。

硬币总有另一面。世间百态，换个视角，结论大有不同。尤其感情。男人和女人的思维模式、行为模式天差地别。

而我的公众号，近九成是女粉。那么，写信的是女人，回信的是女人，看这些的也是女人。

我们同仇敌忾，把男人骂得体无完肤，自己玩得挺嗨，但很可能嗨得有失偏颇，嗨得毫无意义。

这可不是我想要的玩法。

于是，我跟北辰老师商量，精选一些读者来信，我们分别从男女视角回复，以平衡，以客观，以产生真正的疗效。

然后就有了我们微信公众号的“星月夜·心事馆”栏目，有了这本书。

2

星月夜·心事馆。

看名字你就懂了。

我是月亮，北辰老师是星星，我们开了这家特别的小酒馆。在淡月繁星的夜晚，你走进来，絮絮倾诉内心的愁肠百结。

我们用心听过，陪你聊聊，拉着你走出你的夜。

正如我们的栏目语：你有迷茫，这里有微光，愿能照亮你心里的慌，陪你一段成长。

很多读者都特别喜欢这个栏目。公众号上每周一期的来信、评论总比其他文章多出一大截。

这让我欣喜，也更加认定做这件事的价值。

其实来信很多，各种奇葩狗血，各种毁“三观”没底线。

但是我们放弃了那些奇闻异事，尽量选出更有普遍性的问题，以吻合更多读者的困惑，让尽可能多的人能从别人的来信中看到自己，从我们的回复中有所启悟。

相比好看和刺激，我们更追求实用和高效。

不猎奇，不装逼，实实在在解决问题。这是我们雷打不动的定位。

我想是做到了。

当然，你们拥有最终的评定权。

3

我和北辰老师都是特别认真的人。

每期各自回复完来信，我们会在群里讨论一下彼此的观点。经常因为达不成一致，激烈争辩，吵得不可开交。

有次助理都被吓到了，紧张地两头劝，说算了算了，别伤了和气，不值得。

其实我知道，人和人的“三观”不可能一致，而生活中的疑难杂症狗撕猫咬，往往也没有正确答案。

正因为我们存在差异，又不能彼此说服，还死较真儿地一定要坚持给出自己最真实的观点，我们的分别阐述才更有意义，更趋近真相。

可能这本书的与众不同和最大价值，也正在于此。

如果你有类似来信中的困惑，那么，看了我的话，又听了北辰老师的看法，再配合自己的思考，三个点，就可以组成一个立体、全面、客观的答案模型了。

4

我做心理咨询，很多来访者在跟我讲完自己的糟乱现状后，常发感慨：为什么别人都能过得好好的，我就不行?

这可能是无数人的想法——别的夫妻都和和美美，恋人都体贴暖心，为啥我的感情却是这个鬼样子?

那是因为，你看到的别人，都是人家修饰和隐藏过的、愿意公示的样子。其实关上门，家家都难念的经，都有解不开的高数题。你看不到而已。

就像你破败不堪的生活，多半也发生在自己私密的方寸空间。走出门，你也是小风衣高跟鞋，神清气爽，见人就笑。

别人看你，没准也羡慕着呢。

这本书的另一个作用，就是让你看到别人不为人知的真实情感状态，看完之后，你可能就不会觉得自己是最苦最糟最不幸的那个了，甚至，也会对身边那个一身臭毛病、留着糟心、扔掉又可惜的爱人，多点包容和接纳了。

5

婚恋是门大学问，也是人生举足轻重的必修课，可惜学校里不教，培训班也不讲，全靠你自己悟，悟得好，顺风顺水，悟不好，一步一个大跟头。

所以，你需要透过各种途径去学习，去成长，去拥有成熟的婚恋观。

比如读这本书。

这本《婚恋心理学：爱过你，不如爱着你》，我想至少能给你三种体悟，一是知道别人的感情也是疙疙瘩瘩的，二是怎么避免这疙瘩，三是怎么解开这疙瘩。

爱需要用心，更需要智慧。

愿你心明眼亮，能避开别人掉过的坑。更愿你勇敢强大，能爬出自己深陷的坑。

我们一生可能要爱很多人。愿你的身边人，刚好是最爱的那个，而你们可以一直一直相爱，一生一世精彩。

深情不如久伴。

爱过你不如爱着你。

总有傻瓜，等待枯木开花

chapter one

世界那么大，何必死守着无望的他。

不是所有爱情都美好

两位老师：

我今年二十五岁，算是个漂亮女人，也有很多追求者，但我却和一个已婚男人在一起，选择做他的情人。

听到这里你会认为我是图些什么吧。真的不是。他收入不高，勉强养家，根本给不了我什么。我只是很爱很爱他。

我们在一起半年，去年10月在一起，上个月分开的，在这以前，我一直以为我们是相爱的，但是现在我看不清楚了。

一个多月前，他母亲得了脑出血，我托关系找医院，帮他免去了不必要的费用。他妻子在外地，又跟他母亲不和，所以没到医院来照顾。

他母亲每半个小时必须翻身，用温水擦身。他一个人照顾不了，最后我决定留在医院照顾。我照顾得特别好，也和老太太相处得很好，她很喜欢我。

就这样一把屎一把尿照顾了他母亲二十一天，我心里有点不平衡，他妻子每天只是打打电话，而我却做了这么多。

所以有时我和他吵架，有次吵得挺凶，我说要去他家，告诉他妻子一切。当然我只是随口说说，不是真的要去。

可是出院那天却发生了我意想不到的事情。

上午十点多，他妻子给我打电话，说我和他的事她知道了，要见见我。

我说可以。然后约了第二天见面。

第二天下午，我、他、他妻子一起见了面，他妻子让他当着我俩的面保证不再和我有任何瓜葛。

他沉默。最后被逼无奈，他说今后不再和我联络，说完就走了。

后来他妻子又给我打电话，我问她，他是怎么坦白一切的。她说是他自己觉得太累才坦白了。知道真相后，我很痛苦，去了北方一个城市，到朋友那里散心，结果刚到，就发现怀孕了。

这是我第二次怀孕，两个月前怀过一次。我只好回来，准备把孩子做掉。

朋友们都说应该告诉他一声，所以我让朋友给他带个话。他知道后就给我打电话，我们约了地方见面，在一起喝了酒。

晚上他没有回去，我们又在一起缠绵了一个晚上。当我们做的时候，他疯狂得像要把我吃了。他一直叫着我“宝”，说想我……那一刻我感觉他是爱我的。

事后我问他为什么跟妻子坦白，他说是他哥哥说走嘴了，他只能承认。

第二天早上，我说我会去把孩子打掉。他哭了，他说他真的无能为力，他还有两个孩子，一个七岁，一个三岁，他离不起婚。

我去了医院，但医生的话让我当时就傻了，医生建议这个孩子不要打掉，说以我的子宫情况再怀孕的概率是很小的。我崩溃了，哭着回了家，说回去好好想想。

我跟他说了情况，他当时也很难受，说想要，但以后怎么办。如果再次被他妻子发现，后果不堪设想。

我犹豫再三，还是去医院把孩子做了。因为长期精神崩溃，没睡好觉，下手术台的时候我休克了，差点儿送命。

回到家我一晚上都没睡觉，不停地哭。天亮了我给他打电话，哭着说了很多很多。

这几天我们都还在联系，他每天都会打电话安慰我。开始我还埋怨他，哭着说他狠心。现在这两天，我说不怪他了，想开了，然后我们也轻松地谈谈别的话题。他天天都说最对不起的就是我。

其实我们在一起的半年，他对我真的很好。

现在我们说好了，做最好的朋友，不是情人，只是朋友。

我想问，我现在该怎么做，还要继续和他做朋友吗？还要和他电话联系吗？我要以什么样的态度面对他才好？

北辰说：

不管“小三”背负多少骂名，有多么死得其所，但是请别糟蹋爱。

我从不否认，很多婚外恋也是恋，是真有爱的。

你爱他，他也爱你，不置可否。

但是这个世界并不是两个相爱的人就可以在一起，就适合在一起。

有没有资格爱，是一回事儿。有没有能力爱，又是一回事儿。

你们两人，既没有资格，也没有能力。

这是硬伤，是注定无疾而终的起始原因。

1

男人从没想过离婚。

如一般的“小三”，很多在最初时候也没想过要什么名分和身份。

“我什么都不要，我只要他爱我，在乎我，能在一起就够了。”

“我永远不会破坏他的家庭，威胁他的妻子，干扰他的婚姻。”

“我知道我不好，我不对，我该离开，可我就是做不到。”

……

诸如此类，听多了，见多了。可是殊不知，你还想要什么？你要了别人的男人，这还不够多？你要了别人的男人，这还不算破坏家庭？还不算威胁到人家妻子，还不算干扰了婚姻？

何况，人都是欲望难平的，时间久了，都想要更多一点，更久一点，更唯一一点，更正宗一点。这是人不可回避的心理状态，也是劣根性的必然。

你打乱了一个游戏的规则，还是个本身就冒险的游戏。就如同坐过山车，你突然解开了安全带！后果自然不堪设想。

所以你们的问题，就是男人以为你会在他划定的圈子里，可是你没有，你越线了。

不管你是不是开玩笑，当你表达要去找他妻子的那一刻，他选择了主动投案自首，争取宽大处理，很显然，他要守住自己经营不易的家，而非更不容易的你。

你该伤心，因为伤心才能绝望，绝望才有理由离开。

2

这是一个理性的男人。

你的疯狂痴情翻云覆雨，你的苦苦相守望断天涯，你的尽分外之责照顾老人，这一切他都知道，也看在眼里，也许还会有感动，但这并不会改变他的决心，以及最初对你们关系的定位。他自私与否先不说，这是一个很清楚自己在做什么，要什么，要多久，怎么要的男人。这也是他让你离不开，舍不掉，愿意焚身以火的魅力所在。试问，你有多少次夜晚流泪，独自饮泣后信誓旦旦地决裂，但是又以失败告终？这种看起来多情，深情，却又有着假象责任感的男人，简直就是出轨男人的典型标准模本。

他们的情商足以让妻子原谅，足以让外遇动容，因为他们表现出博爱，不舍，眷恋，愧疚。

我接过无数个男人出轨的个案，必须得承认，能够成功出轨的男人情商普遍很高，他们中的很多人可以瞒天过海，甚至在东窗事发后也都预先想好了对策，可以力挽狂澜的也不在少数。

3

有种爱名字叫放手。

你们做不了爱人，因为他还在爱中，不管他和妻子真爱假爱，总之他不想出来。

你们做不了情人，因为东窗事发，心力交瘁，也没有了彼此心照不宣的默契度。

你们做不了朋友，因为无法冷静，无法不再纠缠，无法如同什么都没有发生一般云淡风轻。

所以，答案很简单，收拾起自己的破败残局，擦干眼泪，没有人可怜你的结局。

想起了最近热播的《欢乐颂2》里的台词：这个世界，除了自己没人对你的快乐负责!

爱过，谁都不需说抱歉。爱过，也不必怀恨在心。

因为，说抱歉等于打自己的脸，有恨，你就不可能快乐。

还是那句话，经历了，会成长；哭过了，会坚强。这是一段人生，不管你喜不喜欢它，都会写进你的情感履历里。

我只有两点叮嘱：

以后选男人，千万选有资格爱，有能力爱的。

以后选男人，千万别光选有情的，更要找有义的。

♀ 月亮说：

别开玩笑了，两个人走到这一步，怎么可能继续做朋友？

你自己心里比谁都清楚，所谓的做朋友，根本就是权宜之计——先留个念想，别让爱灭了人冷了，然后伺机重叙旧情，做回情人。

可是继续做情人是什么下场？无非就是把你之前经历过的，再重温一遍——短暂的欢愉，身心的巨创。

这一次已经精神崩溃，几乎失去了做母亲的资格，够惨烈了，你还有勇气再来一次？

你们相爱吗？我承认，爱。

但这爱情是你想象中那么美好纯粹无私无畏吗？远远没有。

你有私心。所以照顾他老妈时，会心理不平衡。真爱一个人，为他付出就是快乐，不会像你这样怨气重重。

他有畏惧。所以会“被逼无奈”当着你的面，对老婆承诺离开你，会在重新联络你后说“如果被老婆知道，后果不堪设想”。

这一句“后果不堪设想”，多直白多清晰地表明了他的立场，以及他对你们关系的定位。

和绝大多数婚内出轨的男人一样，你不过是他平淡生活的一个调味剂，他从未想过为了你挑战现实。

婚外情里也有真爱，但你们显然不是。抛开一切表象，你们之间，不过是性的吸引，没有更高层次的爱。

你不图他的钱，图的是另一些肤浅的东西，并不比图钱高尚。

女人总喜欢拼命美化、神化自己的爱，然后在自欺欺人的幻想里欲罢不能。

如果这爱是正当的、会有好结果的，没问题。

但如果明知下场惨烈，还这么迷幻自己，闭着眼睛往绝路上走，就是疯子傻子。

并不是所有爱情都美好。错误的爱，是魔鬼。

你已经一错再错。

爱上已婚男人，是错。

做了他的情人，更错。

一再怀孕，又错。

他被老婆拉回家，你还不死心，错。

一直保持联系，用“做朋友”的假象自我麻痹，错。

请问你要错到什么时候？

有个词叫迷途知返，还有个词叫自作孽不可活。你选哪一个？

你可能想说，可我就是爱他，我控制不了自己。

那就想想，控制不了自己杀人的，后来怎样了？

人最怕的就是丧失理智。明知是错还要放任情绪去犯错，只会让自己置身绝境。

你就算不考虑他无辜的妻子，也总该考虑自己的未来。

如果继续跟这个男人纠缠不清，你不可能好好规划打理自己的人生，十年后的你，一定会恨死现在的自己。

所以，就算魔鬼附体，也请拿出理智去对抗。清醒下来，快刀斩乱麻，别给自己留余地。

当你冷静下来，爬出泥坑，呼吸到第一口新鲜干净的空气，你会豁然开朗，明白没有谁离不开谁，爱情并不特指某个人，爱情也不是人生的全部。

离开那个人你死不了，一直被他拖住，你才死定了。

人生还有太多事情要做，明天又是新的一天，彻底把他从你的世界隔绝，去迎接你的新生吧。

读者说：

中国式女人的悲哀！婚外恋里永远骂的是女人！不公平！其实，应该先给婚内出轨的男人两个耳光！

乐乐

这种畸形的爱，不叫真爱。这个男人是自私的。他除了伤害这个女人，给不了她任何东西。除了会嘘寒问暖，说些体贴的话，经济上也没有能力，还让女孩子流产两次，不会离婚，不能许她一个未来。这就是以爱之名，欺骗那个单纯女孩的爱，欺骗她的身体。女孩觉得我什么都不图。这就是真爱？我不这样认为。爱得为对方考虑，爱是不做对不起对方的事情。这个男人太自私，这个女孩太单纯。建议就是再痛也要学会放弃。好好照顾自己。

勇者无疆

世上总有傻瓜，
在等枯木开花

两位老师：

他三十岁，我二十三岁。他是我朋友的朋友。三年前初见，我对他一见钟情。

我加了他的微信，每天去看，经常点赞，偶尔评论，他很少回复。

去年他创业失败，母亲去世，跟女朋友分手，生活一塌糊涂。

我每天安慰他，送他礼物，跟他说很多话。他一改以前对我若即若离的态度，我们恋爱了，现在住在一起。

他说早就知道我喜欢他，只是当时没有认真考虑过这件事。

我不介意，因为真的很爱他，特别肯定他就是我要找的人。暗恋了这么久，终于修成正果，我很幸福很满足，一心只想跟他结婚，永远在一起。

但是，他跟我的想法好像不一样。每次我提到结婚，他都不说话，或者说现在事业不稳定，没想那么多。也有一次他很烦躁，说："想那么多干吗，过一天算一天。"

我们有共同的朋友，但他在他们面前，从来没有承认过我们的关系。我有一次在朋友圈发自拍，露出了他的手和肩膀，他都很生气，让我删了。

前几天我妈妈过来，我想介绍他们认识。他说工作忙，没时间，但是那晚我登录了几次他常玩的游戏，发现他一直在线。我很郁闷，回去后问他，他又解释说，他妈妈去世了，看到我妈可能会触景生情伤心难过。

我问他是不是不爱我。他说爱。

我说你如果不爱，就直说，我们分手，我不会赖着你。他又不肯。

在一起这大半年里，我为他付出很多，什么事儿都想着他，陪他度过人生的低谷。他没工作，一直住在我这里，我每个月工资的一半都用在他身上，内裤袜子都是我买。

花钱我不在乎。我只是搞不懂他到底爱不爱我。

他有时候对我挺好的，会给我做饭，等我回家。但种种迹象又表明，我在他心里不重要，这段感情我看不到希望。

可是如果不爱，他为什么要跟我在一起?

说实话，我真的离不开他，只要想到分手，我就难过得要死，几乎崩溃。

两位老师，我要怎样才能赢得他的真心？这份感情何去何从?

北辰说：

先直奔问题吧，你问到底爱不爱你，说爱与不爱都可以，都没毛病。

说爱你，是爱你人以外的所有附加值。

说不爱，是根本不爱你的人，一点不爱，从没爱过。

可能这样说，你心如刀割，但是自我欺骗换来的暂时温暖，有何意义。

1

这分明就是一个备胎转正的故事。

早就知道你喜欢他，但无动于衷，很简单，他不爱你，甚至连喜欢都没有。

因为根本连考虑都没考虑过，在爱的世界里，男生大多都是追逐方，也就是只有自己喜欢的，并主动出击追求得来的才会珍惜，才会当成宝贝，才会觉得有滋有味。在这一点上，男女心理最大的不同就是，女孩子可能会因为被宠爱，被呵护，被照顾，由起初的没感觉到被打动，慢慢喜欢和深爱。

这就是两性心理本质不同，这是科学的规律，你得信。

2

一个乘虚而入的假象爱情。

他母亲去世，情感受挫，事业失败，几重打击将他打入谷底，自信下降，此时做出任何决定都可能是心理依赖和补偿，等于一个原本高傲的人暂时失去自己，急需救命稻草。而你不离不弃，毫不犹豫，从精神到物质的付出，让他没理由不接受，此时你扮演了一个救世主的角色，他没有像之前，知道你暗恋他，他还无动于衷，这回他不加思考地接受了你。因为你用心，并无底线地营造了一个极具诱惑力的舒适区，可以这他遮风挡雨，重整旗鼓，恢复自信和高傲，他需要时间和过程，在你的温暖港湾里疗伤。

但是狮子永远是狮子，就算因为某种原因暂时扮演了狗，却永远不会变成狗。

一旦内伤痊愈，一旦自信恢复，你依然是不被重视的灰姑娘，他依然是昂首挺胸的王子。

3

男人自始至终都没打算长久在一起。

他不介绍你认识他的家人朋友，几乎是绝缘他的朋友圈，也不允许你发哪怕带有他一只胳膊的照片，不见你的父母，林林总总都足以证明，你不在他结婚对象考虑之列。

他从没有在灵魂上成为过你的伴侣，从没打算努力走下去。

当有一天他不再需要你，你就该被分手了。

他说爱你，不错，爱你提供的温暖，保姆般的照料，无底线的娇宠，无原则的纵容，绝对的自由和安逸的生活。

而这些都和爱一个人无关。

4

教给你一个简单的测试方法。

第一，不要再倒贴一分钱。一个有尊严的男人，没工作可以去找，没钱可以找父母要，问朋友借，怎么也轮不到你来养。

第二，不仅仅付出爱，也要收获爱。告诉他，你也需要爱，真正的爱是双向的，不能无怨无悔地单方面付出，只在乎别人的感受，而忽略自己。

第三，坚持公开情侣关系，双方家人、朋友都要见。

可能不用测试，你自己都清楚答案，他绝对一条都不会答应，那么，你还会疑问他到底爱不爱你吗?

备胎要是甘愿做备胎，就无关痛痒，想要转变身份上位，必将一败涂地。

女人要懂得爱的尊严，如果靠死缠烂打，无底线忍让，一定会死得难看。

你说分开就得死，我真想说句狠话，如果你此生意义真的就在于此，我只想鞭挞一句：早死早托生!

♀ 月亮说：

世上总有傻瓜，在等枯木开花。

傻姑娘。其实你心里知道他不爱，对不对？

其实他自己更清楚，所以不愿意见你妈妈，不愿意把你们的关系公之于众，不愿意跟你讨论结婚的话题……所有的不愿意，都指向一个目的：避免跟你有太多交集，免得将来分手太麻烦。

不爱为什么还和你在一起？

因为他需要。他生活一塌糊涂，需要你的钱、房子，需要你的安慰、陪伴。可惜尽管你倾尽全力，能给的还是有限。所以，他跟你在一起，实属权宜之计。

他是溺水的人，你是他碰巧能抓住的救命稻草。而这稻草只在这一时一地有用。一旦他挣扎上岸，你就失去了价值，他必将弃你而去。

就我的经验，转正的备胎，通常都没有好下场。

除了极少数特别内秀的，能在得到机会后，通过深入交往，打动对方。绝大部分，都只是临时充当一下替补，等他缓过劲儿，或者遇到更心仪的人，你就完成使命，要忍痛出局。

你们在一起已经大半年，你已使尽解数，他依然没有对你认真，可见你确实不是他的菜。

相识三年，他早知你的爱，以前都没考虑过，那么度过落魄期，他同样不会再考虑你。

你们的感情何去何从？

显而易见，四个字：分道扬镳。

除非他一辈子落魄，一辈子需要你，一辈子为了爱以外的理由，勉强凑合着跟你在一起。

但是这样的男人，这样的感情，你确定你想要吗，该要吗？

我真心看不起男人不工作不上进，靠女人养。

若彼此相爱还好，可明明不爱，不想跟人家长久，还耗着人家青春，利用着人家感情，放纵自己沉沦。这样的男人是有多自私，多懦弱，多无能！

不知你为什么对他情有独钟，反正我觉得非常不值。

我在你身上，看到了很多傻姑娘的影子：

爱上一个人，拼了命地去爱，去讨好，去委曲求全，想赢得他的心。

有时候这已经成了一种魔怔，一个执念，明明看到了对方不爱，甚至也知道他不值得爱，却因为之前积累了太多感情，付出了太多努力，所以不甘心，偏执地就是不放弃，就是想要一个结果，特别不理智，也对自己特别不负责。

其实你也算幸运，能如愿以偿跟他在一起，幸福过满足过，我觉得这就够了。

你觊觎树上的红苹果，又幸运地尝到了它的滋味。而这苹果有毒，那么尝过就好了，千万别固执地非要吃完，害得自己中毒受伤，丢半条命，何苦。

所以，再痛，你也必须狠狠心就地放下，让他离开。

好好打起精神，用花在他身上的钱，把自己打扮漂亮，去健身去旅行。

用花在他身上的时间，去努力工作，去学习成长，去参加社会活动，去遇见更好的人。

世界那么大，何必死守着无望的他。

读者说：

请告诉自己适可而止，不要陷在自己营造的感动里不能自拔。你现在是处于荷尔蒙烧脑的状态，等那点儿化学物质烧完了，你就会各种悔恨，而在这个过程中耗费的青春，消磨的心力，错过的机会等等，都再也回不来了。

马布贝

曾经我也因为失恋，同一个备胎交往了一段时间，感情很好，甚至一度谈婚论嫁，但他终究不是自己内心真正满意的结婚对象，加上家人的反对和其他外部因素，最终分手，一拍两散。其实问问自己的内心，备胎的确不是最好的选择，即使真的走到一起，也很快会在生活的琐碎中暴露诸多问题，导致感情不和。内心真正喜欢的那个，是无论如何都会想尽办法努力创造条件在一起的。

小竹子

请好好爱那个勇敢的姑娘

两位老师：

看你们的栏目有一段时间了，现在我有些迷茫，希望能得到你们的指导。

我今年四十多岁了，与前妻是经人介绍认识的。相识几个月后结了婚，后来生了一个女儿。可能是婚前了解得太少的原因吧，婚后我才发现我们的性格有太多不同，常常生气、吵架、冷战。她急躁，情绪化，而我偏向理性化。我也知道家不是一个讲理的地方，是一个讲爱的地方，但总是不能接受她那不讲理的样子。

后来，我们计划买套房子，但能力有限，需要向她姐姐借一部分钱。为此她找各种借口与我及家人生气，后来无奈我选择了离婚，并独自抚养女儿，没让她出一分抚养费。

再后来，她从姐姐那里借到钱，以她的名义买了房并办理了房产证后，又通过各种途径与我联系，寻求复合。孩子当时还小，但已明白我们离婚的事，并因此心情不好，整天哭闹，不愿上学。为此，我又同意生活在一起，但一直到现在，我们也没办复婚手续。

原来我以为，经历了这些事情，她的脾气能有所改变，能重新认识自己。现在我发现她没什么改变，基本上还和以前一样，有时为了一些事情就和我大闹，并骂一些很难听的话。对此我没有骂，也没有打，说实在的，有时连话都不想与她说了。

即便是这样，她现在还希望我能出钱去还她姐姐的钱。目前这样的情况，我该出这个钱吗？

另一方面，我在工作中遇到了一个女孩，并对她产生了好感。我们一起工作两年多了，工作上常有交集。她工作中遇到的一些问题是需要我来协助处理的。当然这些问题也都在我的工作范围内。

起初我没在意，说实在的，由于年龄上的差距，我也没心思去刻意接近她。后来时间久了，我发现有些问题本来她可以处理的，但她还是喜欢来找我，也发现她看我的眼神总有一种异样的感觉。有时她还在工作中制造一些我俩独处的机会。现在我对她也有好感，感觉她现在就在期待我能与她进一步交流。

考虑到现实情况，我到目前为止除了与工作相关的事情，一直没与她做其他的交流，毕竟我们有一些年龄上的差距，她今年二十七岁，而我已经四十多了。

我是否可以和她进一步接近交流？如果这样，我又担心给她或者孩子带来不好的影响。

以上都是我真实的情况和想法，我该怎么做才好呢，希望能得到老师的指导，谢谢！你们辛苦了！

北辰说：

饭要一口一口地吃，事要一件一件地办。

有点乱，我们理顺一下，貌似是一件事，却又千丝万缕。

乱，因为不决断，必留有后患。

1

先说和前妻的错综关系。

虽然还在一起生活，但只是形式上的复合，并没有复婚，也就是说，在法律上你们什么也不是，目前我国法律不再认可事实婚姻一说。所以，就是临时搭伙过日子，你们各自没有责任和义务，谁也管不着谁，来去自由。

那么房子的问题就好办了，你没有义务去帮助偿还，房子是她的私有财产，离婚后买的，和你没关系。你们的财产应该在离婚的时候分割清楚了。

这里有一点值得提出来，如果是你住在人家的房子里，那么说话自然底气不足，也许这就是别人让你帮忙还债的理由吧，最好还是自己独立。

我有一点疑虑，似乎离婚是她百般寻找借口提出的，而且是在要问她姐姐借钱买房之后，那么是否有一种可能，是她或者她们家人担心婚后买房成为共有财产，想规避这个风险，故意为之，设计一个离婚，再买房，再复婚的情节？

这样想，有点阴险，却不无可能。因为如果她告诉你实情，也许你不会离婚，所以瞒着你。

因为实在没有看出来你们离婚的必要性，当然也没看出复婚的必要性。

2

再说现在的暧昧女同事。

年龄不是太大问题，不必自卑。

该考虑的有两点：

第一，没有隐瞒，对方了解自己的婚史和孩子情况。

第二，不是猜测，而是确定对方对你有爱慕之意。

记住，不是暧昧，不是性的欲望，是爱，是想要在一起的欲望。

再有，你要趁早解决你的何去何从，而远非受女同事的出现所左右，独立思考，独自决定。到底是和前妻还有感情，想继续过，想修补？还是毅然放弃？不要离婚不离家。

事实上，我特别讨厌和反感，离婚了还在一起纠缠不清的现象，都是成年人，离婚应该是经过慎重理性思考做出的决断。不应该拖泥带水，藕断丝连。

3

再说说孩子。

本来和此事并无太大关联，感情应该单独思考。但是毕竟让你左右为难的，不能排除孩子的因素，至少孩子已经成了你的一个借口，我很反感在离婚、复婚这件事上，拿孩子说事的人。

很多人，对感情还不忍割舍，却不愿意承认，用舍不得孩子来掩饰自己的面子。

孩子在一个和谐温暖的原生家庭成长，固然很重要，那是完美结局，可是如果感情破裂，也许带来的伤害不比离婚本身少。这一点我见得多了。

没有人敢肯定单亲家庭长大的孩子就一定有问题，我们看到父母都在，家庭也在，而心理不健康的孩子，也大有人在。

万事无绝对，无须妄自菲薄。

我的建议：

1. 处理好和前妻的关系。我建议果断离开，结束得彻底。摔碎了的盘子怎么补都有裂痕。

2. 和同事挑明了说清楚。彼此有感觉就相处，合适就在一起。抓住眼前的幸福可能。

3. 以后要学会做男人。男人的特质是做成熟的决定，决定了就负责，负责就别抱怨。

月亮说：

这是一封特别干净规整的来信。

其实此前几乎所有的来信，我都要做很多修整，有语句不通的，叙述混乱的，啰唆重复的，表意不明的，各种问题。

当然，我知道大家都不是作家，文字功夫不强很正常，无可指摘。但今天的来信，真的让我特别舒服，谈不上文采，但从语句到逻辑都很到位，基本不需要改动。

仅从这一点，我就心生好感。

让我更有好感的是，你是个厚道男人。

离婚后独自抚养女儿，不要抚养费。

为了女儿，跟前妻复合。

复合后，女人大闹大骂，你隐忍不发……

细节见人性。凡此种种，可见你人不错。

当然，好人未必没缺点。你身上很可能有些特质，是老婆无法忍受的，也许是懦弱、沉闷、传统、迟钝……我猜的。

总之，这跟你老婆的泼辣、情绪化、喜欢搞事情格格不入，所以你们不是彼此对的人，复合是错误。

你重点讲了房子的事——你们准备买房，你老婆故意找事儿闹离婚，离婚后自己买了房，然后找你复合，又让你出钱还债。

这次离婚，像是她为了独占房子所有权而精心策划的阴谋。

相信你和读者都会隐约有这种感觉。

但我不这么认为。

也许在房子问题上，你老婆确实有算计。但她为什么要独占所有权？一定是对你们的婚姻没信心。如果铁了心地知道能跟你过一辈子，那么房子是她的还是你们俩的，重要吗？

所以，我更倾向于她闹离婚，是当时确实有不可调和的矛盾。求复合，是考虑孩子和现实压力。

跟房子关系不大。

你现在面临要不要还她姐姐借款的问题。

当然不要。

第一，理论上这房子跟你没有任何关系，你没有出钱还债的义务。

第二，如果你帮她还款，前提一定是想跟她过一辈子。但你们的关系极不牢靠。当初是因为矛盾重重才离婚，复合后双方都没有改变，这意味着你们极可能过不了多久又会分崩离析。

第三，就算为了孩子勉强维持，这样的婚姻也不会给你幸福，不如不要。以你的经济状况，这笔钱应该不是小数。如果帮她出了，这可能是一个将来使你没办法跳出痛苦婚姻的障碍。

所以，我的看法很明确：这笔钱不要出，这个人不要留。干干脆脆划清界限，免得后患无穷。

关于工作中遇到的姑娘。

很显然，人家对你有意。这是老天对你这个大好人的奖赏。

她既然喜欢你，不断向你靠近，说明你自然有吸引她的东西，这些东西使她觉得年龄的差距可以忽略。

说白了，人家都不嫌你老，你还嫌人家小吗？既然双方都有情有意，你还犹豫个啥啊？也是够急人的。

其实工作中产生的感情，往往更靠谱，因为两个人朝夕相处，对彼此的性格、人品、能力都比较了解，了解之下的选择，变数小。

我倒觉得，相比十几岁的年龄差距，你离异带孩这一点，是更大的现实问题。她怎么过家里人那关，是个难题。

当然，再难也要勇敢尝试。人生能遇到彼此倾慕的人不容易，知难而退是懦弱，迎难而上才像个男人。

总之，现在你的选择很简单：跟前妻分开，向姑娘告白。

好好爱这个勇敢的姑娘，好好爱你的女儿。

会幸福的。

读者说：

跟前妻住在一起还对女同事有好感，想来即便前妻想要复合他也从未想过吧！至于为什么住在前妻的房子里不得而知了，其实要是把对女同事的好感用在前妻上，前妻未必不会改变。一段婚姻有错肯定不是一个人的原因。

支持跟前妻划清界限，但不支持跟女同事一起。之所以各种纠结，正表示了并没有多喜欢这个女同事。但好在，世界上的女人很多。

迷迭香

是爱还是折磨

两位老师：

我二十九岁，老公三十岁。我们结婚五年了，孩子三岁。我俩总会因为一点儿小事吵架，我觉得这些小事在夫妻之间发生都很正常，可是我老公却不那么认为，总是把事情看得很严重，如果吵架不解气，他还会动手，让我滚，要和我离婚，但每次吵完架动手之后他都会后悔。

我没有跟他离婚，之前是觉得随着年龄增长能有所改变，后来是因为孩子，现在是因为他身体不好——他生气的时候偶尔会停止呼吸，我怕在气头上我走了，他晕过去。

我们吵架的原因都很小，可能是因为屋子没收拾干净，饭做得不合口味，我下班回来晚了没买到他想吃的，他想让我家人帮忙的事没有帮上他，甚至我忘记给他手机充电……只要我有一件事做得不让他满意，就会吵架。就算当时不吵，他也会记在心里，以后和我吵架时翻出来说。每次吵，他都说以前的女朋友有多好，我不漂亮，不会做饭，没有能力，说就因为跟我在一起他才会过得这么苦。

我俩买了一个房子，没有用他爸妈帮忙，买房子的钱都是我妈给拿的，以后要还给我妈。我妈这样对他，他还总说我妈不好，就因为我妈说让他晚上回来后做饭，替我分担一些，他就在心里记恨我妈。

现在因为孩子和房子我俩压力确实很大，省吃俭用，有时候我可能会给孩子买点儿用不上的东西，没和他打招呼，他也和我吵。

真是记不清多少次了，他因为一点点小事和我吵架，动手，还破口大骂我妈，特别难听。

我现在有点儿忍不下去了，我想和他离婚，但又怕孩子受到影响。

他是开出租车的，总觉得自己一天天太累太苦了，我在一家房地产公司上班，没有他挣得多，每次吵架他都以此挖苦我。

他现在觉得和我在一起没面子，很累，说让我离开他，他就会好了。

我也觉得很累，不吵架的时候我俩的感情很好，但现在我每天活得提心吊胆，不知道什么时候什么事他就又会对我大吼大叫大骂，他情绪激动时还说要杀了我，虽然没有做，但是我现在觉得和他在一起有生命危险。

我俩三天前刚吵过架，他骂得也特别难听。当时我们已经说好去离婚了，可是第二天，他又对我说："媳妇咱俩以后别吵了，咱俩做个约定好不好？"

说实话，我都不知道怎么和他约定，约定什么，他发起脾气什么都听不进去，约定对他来说根本没有用。

两位老师，我现在不知道该怎么做，应该离婚吗？

北辰说：

既然问我，我就告诉你：该离婚，但是你离不了。

最坚决的离开，是因为没有爱，也不再爱了。

我不确定他还爱不爱你，或者爱没爱过你，但是可以肯定的是：你依然深爱着他。

这就是最大的纠结所在。

试想一：没有深爱，谁会如此忍耐

一个不折不扣的人渣。

字里行间，看到的都是渣，渣得不情不愿，渣得莫名其妙。

不满意可以不结婚，选择了就要真诚接受，最看不上的就是拿现任和前任比较，有能耐你找她去，为啥不和她结婚？很多人就是这样，好了伤疤忘了疼，离开了就只想着别人的好，好像当初的万箭穿心都不曾发生一样，成熟的人，分手是理性决定，再开始也应该同样。

他是个伪大男子主义者。

大男子主义，一直是我心中暗暗泛着些许光芒的存在。

虽说不是一个褒义词，至少也不应该是一无是处的贬义。真正的正向大男子主义者，是担当过度，包揽过度，要强过度，责任过度，而不是所有正面能力都不够，还大呼小叫吆五喝六。

所以，这不是大男人，充其量是个披着狼皮的羊。

徒有狼的嘶吼，却没有狼的勇敢。

试想二：没有深爱，谁会手足无措

你不会手足无措。

不离开，为了孩子，为了家庭都是谎言。你根本舍不得他不犯病时对你的好。

你那一句“怕他在气头上晕过去”，已经不折不扣淋漓尽致地出卖了自己。

你爱他，只是因为你怕别人耻笑：怎么这么贱，他那么渣，你还爱？

所以，看清自己很重要，比看清别人还要重要。清楚自己为什么总是达不到那个目的地？其实你心里根本就不想去，只是在想方设法逃避那个结果。

吵架都是小事，谁都知道不至于歇斯底里杀人放火地闹。但是他控制不住自己，恶语相向，这多半是有心理问题甚至是精神类疾病的人，明显有暴力倾向。这和原生家庭的成长环境和教育有关，心中没有安全感，甚至可能极度自卑。

有一种人就是用纸老虎的强势、无理、攻击，来掩饰自己脆弱的小心脏。他也许也是深爱你的，却因为过于自卑担心失去，才一次次地打压你，中伤你，甚至用语言和拳脚双重凌辱，来维护自己在家里的地位和尊严。

这种人很可怕，扭曲的心态造成了一场糊涂的行动。

试想三：没有深爱，谁会犹豫不决

一个干了所有的活，却因为忘记给他手机充电就被骂的女人，为何还能忍受？

不是爱是什么？不得不承认，我们在痛诉的时候，自然屏蔽了他的好，专挑气人的说。

我想，他在风平浪静的时候是对你好的，是有你不可抵抗的魅力的，自不必细说。

因为没有人对一个一无是处的人处处忍让，挨打受罪还念念不忘。

还有一种可能，有时候我们对生活很容易惯性地习以为常，哪怕是负面的暴风骤雨。就像生活在海边的渔民对于台风司空见惯一样。

有时候不幸也可能会在长期隐忍接受后，成为一种恋恋不舍的心底潜意识需求。

这就悲哀了。

几个建议:

1. 唤醒他的柔软：如果武装是为了掩饰，那么完全可以尝试去直抵软肋，帮他重塑人格，给他安全感和卸下面具的可能。

2. 约定要有惩罚：既然是约定，没有实现怎么办？这就是对方屡次爽约的关键问题，约定要明确，结果要量化。

3. 暂时分开远离：有的人一定要在失去后，或者至少是濒临失去，体验到人去楼空的滋味，才会懂你的分量。

最后，我没有给出离婚建议，是因为我看到了，你们一时半会儿离不了。

因为还没有彼此折磨到骨断筋折，无爱无恨。

♀ 月亮说：

离。

可以立即执行。

1

他的罪：

小家子气。什么破事儿都要吵一架。你没买到他想吃的，忘记给他手机充电，都是理由，当时不吵还要记着，下回翻旧账。这心胸，这格局，也是没谁了。

打老婆。吵得不解气要动手，甚至威胁要杀了你。妄图靠武力解决婚姻问题的男人，都挺混蛋的。

无法自控。动不动就情绪失控，动不动就破口大骂，让你滚，要跟你离婚，之后还后悔。既然不想离婚，当时哪来的勇气口出狂言？

素质低。打你骂你已经很过分了，还骂你妈，骂得特别难听。窥一斑而知全豹，这男人素质低到爆。

好高骛远。自己没本事，对你要求倒挺高。嫌你赚钱少，嫌你没他前女友好。呵呵。前女友那么好，干吗不娶她？谁拿枪逼他娶你了？

看不起你。嫌你不漂亮没能力，觉得跟你在一起没面子，说跟你在一起才这么苦，让你离开他，他就好了。

什么东西啊。

2

那好吧，你离开他，看他能不能好上天。

这样的男人，如果不真刀实枪地给他个深刻反省的机会，让他知道自己几斤几两，知道你存在的价值意义，他是很难洗心革面重新做人的。

而如果他不改变，这种日子什么时候是头？

你能保证每天做的饭都合他口味，从来不忘记给他手机充电，越来越漂亮，赚钱超过他，你妈也样样随他心愿？

若不能，每天提心吊胆的，生怕自己一不小心又惹了他，又招来大吼大骂，这种战战兢兢的生活，谈何质量。

我们跟一个人结婚，是要过得更舒服更踏实，而不是更恐惧更悲催的。

3

所以，离吧。

如果离了以后他有重大改变，可以考虑复婚。如果没有，就彻底一拍两散。

别瞻前顾后，别找无谓的借口，什么为了孩子，什么他身体不好，什么依然爱放不下，都不是理由。

他跟你大吵大闹的时候，有没有想过孩子？这种父亲，这种家庭氛围，能对孩子有什么好影响？很可能离开他，孩子的心理成长才更健康。

你担心吵架时你走了他会昏过去。请问这架是不是他要吵的？他都不怕自己昏过去，你怕什么？而他打骂你的时候，有没有考虑过你的感受？

自己作死的人，就该让他知道作死的代价。

你的忍让，只会助长他的嚣张。

婚姻是要两个人的体谅配合，才能和谐美好的。一个人的委屈，不能求全，只会让局面更坏，让你变成一个唯唯诺诺永远看他脸色的受气包。

你妈生你，不是为了让你当受气包的。

人活于世，需要有点儿勇气和骨气，如果现在不痛下决心改变，以后将越来越难改变。

现在只会忍，将来就只能忍。然后一辈子忍辱负重，惶恐心痛。

何必。何苦。不值。

读者说：

看了这个我非常想哭。我就是这样子的一个渣女。我对深爱我的老公经常的歇斯底里，可他都默默的承受了，并用他的温情让我醒悟对自己的亲人不能肆意妄为，一旦失去自己会后悔一辈子的。我爱发脾气可能和源生家庭有关，还有就是我知道他爱我，所以我肆无忌惮。但是我也爱他，我不想因为自己的脾气破坏我们之间的感情，所以我收敛了，我现在很温柔，老公对我更好了。

莱莱

离，赶快离，难道你想有一天死在他手里吗？你知道一个在家庭暴力下成长起来的孩子，是有多么的恨自己的父亲打自己的母亲吗？难道你要等到自己的孩子在这种环境中长大，形成一辈子的阴影，然后再亲口劝你们离婚吗？到那时你想让他跟其他小朋友一样快乐，那是不可能的，他心里自始至终都会有一道疤，这个疤痕这辈子都去不掉。如果影响再深一些，他会和父亲一样，成为婚姻的施暴者。你是他的母亲，总不希望这样的事情发生吧！

初夏

不是每一朵花都会结出果实

两位老师：

无意间看了你们的栏目，很喜欢，有些事在心里几年一直未得到自由，如果有幸，希望能得到您的回复。

我和他（初恋）是同学，那么多年，我一直记得他，他也一样。

很幸运，我们在大学毕业后联系上了彼此，经过接触自然而然走到了一起。

那时候我真的特别感恩能在大学之后还能谈一段特别纯粹的感情。

他体贴、温柔、有责任心，什么都让着我，我们在一起两年，我很爱他。

我也有我的问题，我保守、倔强、口是心非。还有，我是乙肝病毒携带者，这让我很不自信。我没选择第一时间告诉他。一年后我说了，他刚开始的态度让我挺感动，可是在相处过程中我也能明显感觉他有点儿抗拒。

就这样不温不火相处着，两年后我们分手了。

他没有说为什么。只是不爱了。

我做了无数卑微的事只为挽留，他还是走了。

在我心里一直有根刺，我觉得我们分开最大的原因是，这两年在那些我们彼此都深爱对方的时候，我们也没有过性关系。源于我的问题，我爱他，可我不自信，我保守。

我不懂，保守是错吗？爱你的人难道不能等吗？

我很固执，爱了就会很爱，我真的做不到放下他。

分手半年后他就结婚了，因为对方怀孕。

一直到现在，快三年的时间，我都活在对自我的责备中，他确实是个很好的男生。我爱他，很爱。我觉得就是因为我的保守、我的传统、我的不自信，丢了一个难能可贵的爱人。

遇见一个那么爱的人真的很不容易。这几年我一直努力摆脱过去的一切。可到头来我发现他一直在我心里。

我也再没有谈过恋爱，一直拒绝家里安排的所有相亲，我知道我很幼稚，我也没在等谁，只是没办法再爱谁了。那种不自由的感觉实在折磨人。

感情是不是真的存在宿命这回事？如果他一直在我心里，余生怎么过？

北辰说：

看完心里一阵酸爽。不苦不甜不辣不咸。

丢了爱情丢了人，守住贞操守住身体还有什么用？

这里有个问题，很现实很值得探讨，我们应该什么时候把自己完全交给对方？

是用爱的深浅做标准，还是用时间轴？比如登记后，结婚后，恋爱一年后？

很显然，爱不是可以用量化标准计算的。

做爱也一样，太死板、教条、传统甚至僵化会造成遗憾。

不舒服。

1

学校里的恋人。试问一句，怎么分的？

是不是同样因为你的犹豫、保守，让对方看不到希望？

反正这是我的感受。

他明显不是豹子一样生猛的男人，你更不是充满自信的女人，在感情上打太极一样的迂回、闪躲，造成的若即若离、踌躇不前，没有人愿意为感情做规划和付出，无疾而终。

多说一句。毕业季，我最想听到的情侣对话是：

“亲爱的，你去哪里，我就在哪里。”

“宝贝，我知道，因为你在哪，爱就在哪。”

“好咧，那我们就冲动一回，爱一辈子，一直在一起。”

而现在大多我们听到的版本是这样的：

“对不起，我妈让我回家，所以……”

“好吧，我理解，祝你幸福。”

“嗯，就这样吧，有缘无分……希望你过得比我好。”

2

他温柔体贴百依百顺，你固执保守口是心非，他坦诚相对，你隐瞒欺骗……

即便这样，都没离开，都没分手，这不是爱吗？

这是个不错的男人，包容、宽厚、低调、内敛，尤其是个好丈夫的人选，在得知你隐瞒了病情之后，没有分手，就算有点儿状态游离也属于正常。

这些绝对不是分手的理由，真正的原因是他在付出之后没有感到你回馈的深爱。

在爱情的道路上最怕的是孤军奋战，是内心的不回应、不协作。

需要承认，有时候愿意把自己身心给对方，是一种深爱的表达，水到渠成的渲染。

保守作祟，两年多没有性，在现在年轻人的爱情里，属于奇葩了。他完全有资格伤心。

爱会疲惫，需要更稳定和义无反顾的托付。对于责任心强的男人来说，真正的爱和责任是从发生过第一次开始的。

3

为什么有人分手很久，依然念念不忘，耿耿于怀？

很简单，因为心有不甘，不是因为不爱了，是因为我们没尽力。

这样的分手最让人心痛和无法释怀。

就如同亲人因病离去，如果我们尽力了，则了无牵挂，如果我们没有及时医治，则无法原谅自己。一个道理。

太久的爱有时候需要刺激来激活，结婚有时候需要冲动，生孩子也需要冲动。

你的问题是因为传统导致的过于理性、四平八稳的思维结构。

你也提到了不温不火，那不是恋爱的状态，是七老八十金婚后的日子。

过于激情万丈会累，过于平淡无奇会倦。

忘了吧，治愈除了时间，还有心甘。

因为无法更改，因为木已成舟。

♀ 月亮说：

命运给你的每一份礼物，都在暗中标好了价格。

你得到一份恰到好处的纯美恋情，代价就是失去后几年的时间里都想不通、放不下、不自由。

人在被动失恋后，特别容易陷入自我否定模式——肯定是我不好，他才离我而去。

你在一番剖析后，把他的离开归因于乙肝病毒，和你的保守观念。

“我不好，我做得不好，所以我失去了难能可贵的爱人”，这种因果推导让你纠结、遗憾、后悔、自责，再配合割舍不下的爱，让你没办法再爱别人，因为潜意识里会觉得，你的乙肝病毒和保守观念都改不了，那么下一次爱上别人，势必也会是一样的结果，势必也会带来新一轮的伤痛，所以，就算不等他，也不敢爱别人。

真正让你不自由的，不是心里装着一个人，而是你的不自信。

如果相信自己配得到更好的人更好的爱情，你就不会拒绝所有相亲。

那么，现在我们要做的第一件事，就是跳出自我否定模式。

首先说，要不要有婚前性，这完全是一个人的自由选择。我不反对婚前性，更不反对婚前守贞，你怎么选，都没错。而且，他后来跟女友奉子成婚，完全不能推断出当年是因为你拒绝婚前性才导致分手。

其次，我不认为一个爱你至深的恋人，会仅仅因为你是乙肝病毒携带者，就决绝地离你而去。

你们之间，一定还有你没意识到的其他问题，比如性格不合，比如“三观”不同，或者如他所说，仅仅就是不爱了。

而这些问题，并不一定会发生在下一段恋情里。这个男友不认同你的“三观”，不喜欢你的性格，下一个未必。

所以，不如放下过往，勇敢向前，去尝试新的感情，去找那个真正适合你的人。

你可能太单纯，在初恋里沉迷太深。其实如果经历过几段感情，你就会明白，一个人的离开，完全不足以让你给自己下任何定论。

有一件事很多人不懂，不是每段自我感觉良好的感情，都能够修成正果。

如果爱情是花，我们必须明白，并不是每朵花，都会结出果实。

有的爱情，它来世间一回，只是为了华丽丽地盛放一次，花落即剧终。

那么，它绽放时，我们就好好享受那短暂而迷人的美，它凋落时，我们就心甘情愿接受它的颓败和离开。不必苦苦挽留，更不必遗憾后悔，因为毫无意义，只徒增烦恼。

寿终正寝的感情，不如就让它死得其所。留不住的爱人，不如就让他远走高飞。

否则，你所有的留恋不舍，都是对自己生命的无益消耗。

其实每个人在恋爱里的感受都是不同的。你觉得他是你的真命天子，但他也许只当你是偶然相逢的露水情缘。而爱情要两个人合力才能成就，得不到对方配合，你的一厢情愿，徒劳无功。

余生很长，当然不能守着一段死掉的爱情过。

人都有感性和理性，如果感性的你容忍他一直赖在你心里，那么理性的你，应该努力去寻找另一个能赶走他的人。

当你找到那个人，你就知道，没有什么忘不掉。

读者说：

问问自己的内心，一直没有接受新的恋情，是不是很大程度对自己是乙肝病毒携带者的身份不自信？如果是，相信自己，这个身份没有什么大不了，勇敢开始新的恋情，在确认对方时尽快告知，然后一起到三甲医院，让他自己向医生咨询，确认携带者并不会影响正常生活和孕育后代。至于婚前性行为，我倒很支持你，就像那些主张婚前性行为的人，那是他们的人生观价值观，是他们的选择和权利。同样主张婚前保守相处也是你的选择和权利，而找到灵魂伴侣连这么基本的观念都达不到共识，以后怎么携手漫长人生路？一起经历那么多人生岔路口，连基本的人生观价值观都不一致，总会在某个路口走失的。离开了的人就不是你的，还留恋什么？你也应该庆幸没有和他发生性行为，因为对于保守的你，如果发生了关系却分手，对你的打击不是更大吗？现在还忘不了他是因为你走进了死胡同，却没有回头的勇气，而我觉得，你找不到勇气的原因很大程度是你对他坦白自己是乙肝病毒携带者的身份付出了很大的勇气和感情，导致你的不舍，也许你并没有想像中那么爱他，勇敢走出来吧！

Joy

我们本可以更幸福

两位老师：

我好友十多年前因老公有“小三”而离婚。当年“小三”明知她老公是有家庭的人，还要各种手段缠着她老公，并利用两家孩子一起玩的借口，背着好友明来暗去。

几年后，好友老公最终狠心离婚，并带走大儿子，很快与“小三”闪婚。

好友难过得死去活来，一个人带着当年只有四岁的小儿子过日子，当年我们都对她老公的绝情和“小三”的卑鄙感到很愤怒，但又无奈。

现在好友事业有成，虽然她与大儿子一直保持联系，但对前夫的“小三”恨之入骨，在大儿子面前，有时还毫不客气地批她儿子爱恨不分。

目前大儿子到了成家的年龄，她干脆向他摊牌：如果继续与那个“小三”一起生活的话，她会尊重儿子的选择，但不会给儿子任何帮助和继承权，但如果儿子独立或回家生活，她会欢迎、支持并给予相应的权利。她只要求大儿子离开“小三”的生活圈子。

她一直爱着前夫，总期待他有朝一日能带儿子回家，一家团圆。目前她与前夫关系还很和谐。她渴望复婚。她认为缘分未尽。我们也支持他们复婚，这也是对当年“小三”的一种惩治，但他前夫可能对现任有顾忌，所以没有好友那么执着复婚。

老师，请问我好友有没有必要这样跟儿子摊牌？好友值得再坚持复婚的念头吗？或者，该怎么办才能将前夫与大儿子争取回家？

北辰说：

请问，真的不是你的问题吗？

那就麻烦你问问你的好友：怀恨在心的十多年，过得幸福吗？睡得安稳吗？

有恨的女人特别容易变得苍老、丑陋、低级和俗气。

她的行为证明了这一点。

1

凭什么还相信出轨的男人？

“‘小三’用各种手段，缠着男人，利用孩子明来暗去。”

很明显，这些信息一半是男人告诉她的，一半是自己以为的，那么事实很可能不是这样。

试想，她凭什么不恨自己的男人狠心抛弃母子，只恨“小三”？

搅和别人家庭是不对的，但是最终破坏和土崩瓦解家庭的永远是男人。

树欲静而风不止，是有的，但是最多摇晃，如果雷打不动，也没办法。

你真的确定叶子的离开不是由于你朋友的不挽留？或者是挽留不当？

或者这片叶子本身就想要逃离、挣脱？

出轨的男人一般为了面子和尊严，都会给自己找一个无可奈何的借口，甚至一个还略显负责冠冕堂皇的理由，让你觉得他博爱、多情、柔软。

这就是男人无耻的面具，面具下面隐藏着肮脏无比，十恶不赦的面目。

2

你的朋友是自私的，极度自私。

还好，承认了自己对前夫一直深爱，所以希望念念不忘后必有回响。

要知道，在离婚后，法律上已经没有了关系，在前夫再婚后，她藕断丝连，就也成了“小三”！

既然那么痛恨对方，就不该自己再去扮演同样丑陋的角色。

事实证明，人渣的是男人，从当初的婚内出轨，到现在故伎重演地游离在妻子和前妻之间。

有时候，没有言辞激烈地拒绝就是伤害，就是不要脸。

如果十年前离婚时是深思熟虑的结束，不管怎么痛，都不应该回头。

说她自私，还因为她将孩子当一把自己达成目的的利剑！

这有点不道德，甚至无耻了。孩子不是工具，更不是武器，请问，哪有伤人的武器上面不带血的，有考虑过儿子的感受吗？

大人的恩怨关孩子什么事？何况这么多年，孩子是应该感谢人家养育之恩的。

“三观”不正的女人凭什么获得幸福？

3

断舍离。

这三个字要发自内心地认定才可以做到。

最大的问题是你朋友一直没有死心，想像个战士一样地收复失地。

殊不知，那块地方就算要回来，也不是原来的样子了。

她的沙漠，明明已经被培育成绿洲，葱葱郁郁，何必斩草除根般地非要变回原来的样子。

自己受过伤，何必又伤别人，听听辛晓琪的《女人何苦为难女人》吧。

狗咬狗，一嘴毛。

我的建议：

1. 彻底结束：无论爱恨情仇，无论多么根深蒂固。

2. 祝福他们：诅咒别人只能让自己不快乐，给自己增加业障。

3. 反省自我：不是为了挽回，是为了能够守住下一段感情。

4. 放开儿子：再撕扯下去，孩子也会恨她，真的爱是让孩子学会厚道。

♀ 月亮说：

只想说两个字：何苦。

以下，是想对你的“好友”说的话。

很多女人在说起婚姻破裂时，角度都是“‘小三’死缠烂打处心积虑抢走了我老公”。

我特别不赞同这种论调。

男人不是物件，是活生生的人哎，他有思想有感情有脑子，他要跟你离婚，跟另一个女人在一起，一定是他在种种评判后做出的选择，其中必有缘由。若他不愿意，谁抢得走？

所以，与其说“‘小三’介入”，不如说“男人劈腿”更合适。

整个事件里，男人才是第一主角，“小三”可恨，但也没资格喧宾夺主。

所以，就算恨，你也更应该恨那个男人，因为真正伤害你的其实是他，“小三”只是辅助。

你对男人旧情难忘，对“小三”恨之入骨，显然是恨错了对象。

再说句女人不爱听的实话：如果这个男人在婚姻里幸福知足，他可能会出轨，但一定不会为了出轨对象离婚，尤其是在有两个儿子的前提下。解散一个家和失去两个儿子，对任何男人来说都不是轻松简单的决定，他这么做了，说明新世界远比旧世界更美好。

还有，如果说十几年前抛弃发妻，是他狠心绝情，那么今天前妻想要复合，他为什么不肯狠心绝情抛弃现任？一定是他觉得现任更适合他，更让他留恋。

男人婚内出轨，“小三”拆散别人家庭，他们都有很大过错。

但我们必须承认，有的婚姻，本来就是错误的结合，就算一方觉得很好，也要尊重另一方的感受，如果他就是觉得选错了，不幸福，那么他有权利离婚止损，去找更合适的人。你单方面觉得缘分未尽，是没用的。

这是现实，再痛苦再不甘，也要接受。

否则，如果你一直心心念念想上演“大房复仇记”，最后被惩治的，必定是你，以及你的孩子。

你想复合，夺回前夫，惩治“小三”，但很显然，前夫并不愿意。你单方面拼命折腾，最后很可能一败涂地，只是让自己特别累特别气，更不甘更仇恨，而前夫和“小三”和和美美生活，云淡风轻地看着你，像看一个笑话。

孩子要和后妈朝夕相处，吃喝拉撒点点滴滴都在一起，如果背负着母亲的仇恨，他如何能过得安心快乐？他会不会不知所措到精神分裂？

现在你甚至要用继承权来绑架孩子，让他回到你身边，这多荒唐。

你是亲妈，孩子如果爱你，不用你摊牌，不用你给任何物质帮助，不用你苦大仇深地拉拢，他的心自然跟你在一起。而你只要真心爱他，全力促使他幸福，就能达成这个结果。

其实离婚已经十几年，你也已经事业有成，有了新的人生，何苦还纠缠在无法改变的过往里拼命较劲，死不放手？世上就那一个男人吗？人生除了复仇就没有别的意义了吗？

你的不甘心，说到底是不愿承认失败。但事实上，你可能真的一辈子无法打败“小三”，夺回那个男人。在这个男人身上，你可能注定无法翻盘。

人必须要有接受失败的勇气和格局。其实人生的翻盘有很多种，抢回男人是一种，把自己的人生过得花红柳绿是另一种。

对你来说，后者易，前者难。

退一步说，就算复合，你就真的能幸福吗？

你可能觉得复仇成功，逞了一时之快，但男人当年的伤害，“小三”带来的阴影，多年里的恩怨情仇，会一直横亘在你心里，让你忍不住在惩治“小三”之后，又怨气冲天地去惩治男人，这样的日子，会好过吗？

前夫不愿复合，想来也有这个层面的考虑吧。

佛说，破我执。

在感情里，太执着的人都会活得很苦。

错误的执念，可以摧毁人的一生。放下，是唯一正确的选择。

你走在路上被狗咬了，你很无辜，狗很可恶。但你要做的，其实是养好伤，武装好自己，避免下次再被狗咬。而不是从此心怀仇恨，拿宝贵的一生跟狗对峙，非要让狗也付出代价。

因为前面本来还有更好的风景，我们本来还可以活得更幸福更心安。

所以，前夫和“小三”，就由他们去吧。

儿子也不用你多么费心地争取，他若爱你，自会留在你身边。

你要做的，就是打理好自己的生活，好好工作，好好去爱一个真正值得爱的人。

读者说：

何苦折磨自己！从离婚的那一刻起，你就应该开始自己的生活！若有真情就不会出轨和离婚！

东森

你的幸福就是对他们最大的报复，不要说他还会不会回头，就是他回头也不能接受。

越女争锋

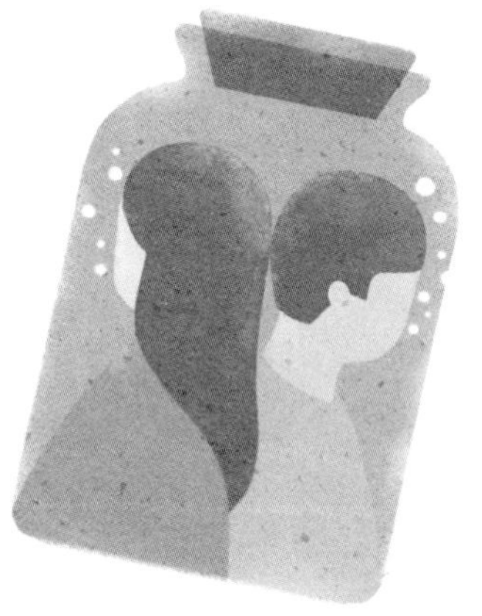

爱需要用心，更需要智慧

chapter two

宽容和尊重，是所有美好婚姻的必修课。

爱，最大的天敌是理所应当

两位老师：

我感觉我的婚姻出了问题，尤其是今年。一直以来能够好好忍耐的我，这段时间忽然不想忍耐了，可能是自我压抑的时间太久了吧，觉得有些心凉。

和老婆冷战持续一个星期了，原因是一些生活琐事。

上周我在家休息，她回来时看到我没洗衣服，当时脸就沉下来了，我一看脸色不对，就打了个圆场，赶快把衣服洗了。（从结婚到现在，我的衣服基本没让她洗过，都是自己解决。）

过了两天，我们在微信上交流，她说了我很多问题，洗衣服不是很干净，有油；拖地拖得不认真；刷过碗之后，洗碗池里的东西没清理。

这些问题确实出现过，但毕竟是偶尔一次。况且结婚八年，不管在自己家还是她父母家，吃饭的碗都是我刷，刷了八年，几乎没让她沾过手。

我的时间相对多些，所以只要看到有衣服，我基本都会去洗。可能有时会出现类似上面提到的不干净的问题，但毕竟那是偶尔，我也不是故意的。她总说要么不做，要么就做好。我认同这话，但觉得家庭生活真没必要过分较真，况且我也去努力做了，就算有瑕疵，也总比不做要好很多吧。

每次我拖了地，她看到之后总爱说，以后这活儿就包给你了，同时还要指出我拖得怎么不干净。

我感觉她总是站在一个强势的位置来控制我，现在真的有些忍不下去了。

其实作为男人，家务活我愿意去做，但我希望在付出之后，能得到爱人基本的理解和尊重。

就像我早上起来做早饭，如果早饭在她起来时有些热，她就会有意见，感觉我做得不到位。

更让我受不了的还有生理问题。生孩子后，我们两年没有过夫妻生活，现在也基本没有。即使有，也是我软磨硬泡，感觉每次都那么低三下四。现在一想到这种事，我就心里紧张，宁愿抱着被子自慰解决，也不想再碰她了。

还有去我父母那里吃饭，每次喊她去，都感觉像在求她。我不知道吃个饭有那么难为情吗？

我们的车买了九年，我的驾驶证也拿了七年，我今年才开始开车，我早上五点多起来，查着手机，自己去路上实践练车，中间这么多年一直期待她能陪着我学，可是她一有空就跑到她妈那里，根本不顾及我的想法。

我们结婚是经人介绍的，恋爱时感觉她人还不错，也挺体贴我的，婚后才发现她的身体有残疾，但她婚前向我隐瞒了这个事情。其实残疾和隐瞒我都不在意，毕竟两个人一起走过八年了，我最不能忍受的是刚才列举的那些琐事。

我现在越来越心凉，不知道这样的婚姻还有没有持续下去的必要。

希望老师开导一下。

北辰说：

近期“佩服”的除了《我的前半生》里的贺涵，就是有你了。

这个佩服，不是欣赏，是惊为天人。如果前者是编剧臆想的人物，你却是活生生有血有肉的存在。

爱是双向流动的，是活水，大海还有浪打浪呢，你见过向一方流动只涨潮的海吗？

你老婆强势、无礼、欺骗、挑剔、冷漠、自私、不孝，这是我读出的关键词，就是没有爱。

一般男人都忍不了，不是现在，是一直，是更早。

家庭分工，不分男女，但绝不能对别人的付出视而不见。

也许有人会说，你一个大男人，把洗衣机当战场，拿锅碗瓢盆当武器有啥出息，我不这么认为，为了家、为了爱、为了平衡与和谐，除了生孩子，没有女人必须要做什么。时代不同了，我甚至对会烧饭，会做家务的男人刮目相看，分工不同，不分贵贱。

问题是，哪有完美的人和事？如果挑毛病，谁都有，有的人就是只能看到别人的缺点，从不鼓励，从不肯定，你的女人强势到把你当未成年人来管理和教育。

你也提到了，不怕累，只是想获得尊重。

八年，和抗战一样的漫长，可见，这场持久战，你弹尽粮绝了。

莫非，你们年收入差十倍？莫非，你们之间有过约定？

她只负责赚钱养家，而你负责貌美如花?

恕我愚笨，实在想不出其他可能。

爱，最大的敌人是理所应当，习以为常。

每一场婚姻都有一种独特的模式，不可复制，模式一旦形成，坚不可摧。

讲个我自己真实的故事给你听。岳母大人保养得极好，每当亲友夸她一双如青笋般鲜嫩的手时，她就满世界炫耀：谁让我老公疼我呢!

岳母结婚三十年很少下厨房，一是认同自己做菜不好吃，二是每当岳父菜一下锅，翻炒之间，就已经赞不绝口，从炒菜的潇洒帅气到迎面而来的香气，更别提菜品上桌品尝后肉麻得近乎情话的句子，每次都是不绝于耳，而岳父笑得嘴都合不拢，长此以往，菜越做越好，笑容愈发甜蜜。偶尔岳父身体不适，岳母也会烧两个小菜，但绝大多数是煮面条和熬粥，岳父虽然笑骂不是咸了就是淡了，但是也吃得热泪盈眶，因为实属不易啊。看，男人是多么容易满足和被调教的!

其实婚姻中，谁都不傻，谁累谁知道，但是有钱难买我愿意，我开心啊。

对了，让对方心甘情愿为你、为这个家付出，这就是秘籍。

而现实中，大多数模式化的夫妻，已经长年累月地习惯了我玩游戏时你做饭，我看书时你哄孩子，我踢球时你洗衣服……

爱是陪伴。是你炒菜，我在旁边闻着味道；是你洗衣服，我给你找衣架；是你踢球我喝彩，是做你什么我都欣赏。欣赏的目的不都是因为做得好时的表扬，也可以是做得不好时的鼓励，是为了下次你做得更好。

爱，最怕不懂感激，别人为你做的一切都是应该的，习以为常，而自己付出一点点就叫苦叫累，牢骚满腹。

婚内夫妻那些事，长期拒绝就是践踏尊严。

可怜蛋，看到你抱着被子自慰那一段，扎心了，老铁。

娶个媳妇，自己洗碗洗衣服，自己扫地收拾屋子，连欲望都自己解决，那么你要她是求虐吗？

结婚，也不是一个人和另一个人的结合那么简单，是两个家族的融合。去你们家，和公婆处好关系，也是义务之一，否则也是践踏尊严。

再次膜拜你坚守八年的韧劲和奴性。东北话说：皮裤套棉裤，其中必有缘故啊。

何况还居高临下，强势压榨，婚前欺骗，隐瞒残疾，你的种种血泪控诉，简直令人发指。

如果你说的情况属实，并没有隐瞒，那么我的建议如下：

首先，她不是说，要干就干好，要么就别干吗？要是我，好嘞，那你干，起码你打个样。

其次，你如何对我的家人，我就如何对你的家人，你敬我一尺我定还你一丈。

再次，强化自己在家庭中的地位，从提高自己的能力开始，无能必定失去气场，成为弱势。

最后，沟通调整，告之你的不满和通牒。如果对方顽固，那么忍无可忍，无须再忍。离！

♀ 月亮说：

我知道我的读者里，女人为主。选这封来信，是想让大家听听男人的苦闷。

如果你是信中这样一个强势、挑剔、不懂尊重、永远只在乎自己感受的老婆，请换位思考下男人的感受吧。

也许他一直隐忍、顺从，你以为可以完全掌控、随心所欲，可是，在你挑剔“早饭太热”的时候，他的心已经凉了，他已经忍无可忍，考虑着要不要继续再忍了。

那么，还要等到他的心彻底凉透，你们的关系无可挽救，才大梦初醒吗？

宽容和尊重，是所有美好婚姻的必修课，你一定要早早学会。

下面来正式回复男主。

看起来你是好男人，洗衣拖地刷碗，甚至能谅解老婆隐瞒身体残疾，这是很多男人做不到的。

但是，为什么你委曲求全，她却变本加厉？

你可能以为是她个性所致：强势、自我、求全责备。

这当然是原因之一。但在我看来，她之所以这样对你，你的婚姻感受之所以如此糟糕，还有另外两点更致命的原因。

第一，她看不起你。

你不洗衣服，她就甩脸。

你去她父母家，刷碗八年，而她去你父母家，还得你求着去。

甚至，你做的早饭有点热，她都不满。

这说明你们的地位严重不对等。她高高在上，你甘拜下风。

为何如此？

我猜测，是你的社会地位和经济能力低于她。

你空闲时间比她多，你学车还指望她教你，仅有的信息，给我的感觉她是个在社会上很拼的女强人，而你可能相对平庸，说难听点儿，没本事没出息。

当然，男人未必一定精神抖擞闯天下。能有一份平常工作，能把家庭照顾好，能支持女人干事业，也值得赞颂。

但这仅是我个人看法。现实里的情况通常是：家庭地位通常跟社会地位是成正比的。在社会上越有作为的人，在家庭里越有地位。

从你老婆对你的态度看，她极可能是因为你没本事而从内心里就瞧不上你。

在婚姻里，“看不起”是件特别可怕的事。一旦这种心态存在，就很难有尊重、有赞赏、有包容。她就会百般不满、吹毛求疵，完全不顾及你的感受。

这可能是你们之间最大的问题所在。

反过来想，如果你有强大的社会能力、经济实力，房子是你买的，车是你买的，老婆的工作你安排的，她有难事儿你一个电话就解决了，那么，她还会挑剔你拖地不干净，洗过的衣服上有油点吗？去你父母家还需要你低三下四求吗？让她刷碗十八年，她也愿意吧。

所以，如果你想改变现状，就该知道自己努力的方向在哪里。

未必要多么出类拔萃，起码不能让女人瞧不起你没本事。否则，你碗刷得再干净，你们也幸福不到哪里去。

第二，她不够爱你。

无视你的感受，甚至连夫妻生活都不愿意和你过，想来是她对你不够爱，不够在乎。

有没有这种可能：她身有残疾，当年不敢奢望太高，看你脾气好、人厚道，就凑合了。

而她其实是心气很高的人，只是心强命不随。无奈认了命，内心对优秀伴侣的渴望却还在，所以婚后看到你的种种表现，她不满、不甘，又无可奈何，只能硬着头皮皱着眉头过下去。

那么，她对你的态度，也就有了合理解释。

若真如此，你很无辜，问题出在她身上。

你要跟她深谈一次，告诉她，若实在看你不爽，可以离婚。若不想离，就要从内心里彻底接受你。反正不能既不离婚，也不接纳，让两个人都没好日子过。

如果她能调整好心态，接受你的缺点，多关注你的优点，也许是可以更爱你一点的。

当然，你也要努力去做一个值得爱的人，用你的光芒，你的魅力，你的男人气质去打动她。

而不是永远一副唯唯诺诺、低三下四的姿态。

女人更喜欢的，往往是大男人的宠爱，而不是小男人的讨好。

婚姻是个复杂的事，表象的矛盾背后，通常有深层原因。我们必须学会透过现象看本质，学会解决根本问题，否则就是治标不治本。

于你，就是要明白，你和老婆的矛盾根源，不是碗没刷干净、衣服洗得不及时，也不完全是她性格强势不懂人事，而是她不够爱你，看不起你。

试着改变这两点，才可能迎来明媚新天地。

读者说：

作为男性，我为这个男人感到不值，甚至有点儿鄙视，但其实回头一想，如果把这个故事里的男女调换一下，那不就是中国很多夫妻的常态吗？反省中……

宁彬

有所选择，就有所承担

两位老师：

我今年三十岁，八年前认识了我丈夫。他一直催促结婚，但我当时并没有结婚计划，且想着是不是要分手。

可是后来我怀孕了，由于身体一直不好，不敢打胎，和他结了婚。当然，还有一部分原因是觉得他人挺朴实，学历也比我好，而且那时我母亲病重，嫂子严重车祸，家里非常不顺利，加上怀孕，便比较匆忙和草率地做了决定。

婚后我们一直两地区上班，周末夫妻同聚，虽有争吵但因相处少，都没计较。

2010年儿子出生，前三年孩子在老家老人带，我出了月子就上班了，仍然分居。

2014年初，孩子来上海上幼儿园，开始是我自己一个人一边上班，一边带孩子，6月他因工作自由和我生活在一起。8月我换了新工作，离家较远，早7点出门，晚8点到家，孩子下午是他接并负责晚饭，由此开始每天吵架。

他的主要原因是，我的工作完全不能兼顾家庭，不能让他一身轻松地工作，他想要的是贤妻良母，完全不是我这种类型。

我是一个从小独立自主、品学兼优、上进心极强的人。而他认为生活只要不缺吃穿即可，对于明天和未来极少去想，生活能力也极差。

在他眼里，我的工作是他的仇人。

由于公司外派我去美国出差两个月，从2016年初就开始计划，这件事情让他彻底爆发，从此事事都扯到这件事上，2016年底他要求回老家，要我放弃工作追随他。

我不愿意，因为之前我们一直计划在上海工作，让孩子在上海上学，立业，成家，我们回去养老。

他突然决绝地要求回家，我完全无法接受。家乡是一个小县城，我们双方是贫穷家庭，父母既无收入且身体不好，基本靠我们赡养。

在此事上我们的大目标完全背离——长久以来我们的性格和目标都是相反的，我求精进他求安逸。结婚以来，我一直在还房贷，现在他们在老家，我也每月寄钱。

从认识到现在，他从未肯定过我，一直在打击我，诋毁我，阻拦我上进，阻拦我学习，阻拦我换好的工作，阻拦我变好。他给的原因是：我为自己进步所做的事情，影响到了他，分散了为家庭的付出。

去年一整年我们都处于白热化状态，他回老家后，我们开始吵离婚。每次都是他提出来，很坚决，但当我行动时，他就当作什么事情也没发生。像从前一样，既不事后沟通，也不道歉交流。在我出国前，他一直要求我办好手续再走，我没答应。

在我心里，不想离婚是因为孩子，想离婚是因为从这个男人身上，我感受不到被疼爱、被理解、被支持。说难听点儿，就是既没有钱，也没有爱。

但我懦弱，也害怕孤独终老，更害怕给孩子带来伤害。

两位老师，我该何去何从?

北辰说：

事实上，这位倾诉者在发上述文字的同时还有很多和老公的微信对话截图，因为篇幅和隐私没有公开，里面更多细节说明了丈夫的抱怨和不满，还有决定回老家的原因。

这个问题是开办《心事馆》栏目以来，我思考和犹豫最多的一期。

因为看着都有错，又都没有不可饶恕的大错。

因为我们有办法，却没有两全其美的办法。

1

价值观和生活方式的不同是根深蒂固的。

这是很多家庭和夫妻都会遇到的普遍性问题：我们到底要什么样的生活。

首先要明确，世界上的大多数选择都是喜忧参半、利弊兼有的，要了这个可能就要放弃那个，这个要得多一点，那个就要少一些。我相信能量守恒定律，没有绝对意义上十全十美的事。

你要强悍的事业，不仅仅是为了家庭，更多的是为了自己的成就感。

他要稳定的家庭，孩子乖巧妻子贤惠，平平淡淡其实也有平庸懒惰。

这就是你们最大的分歧和家庭裂变的原因。

你事业心强有错吗？似乎没有。但前提是，如果单身，没有家和孩子，你出国两年，十年也没关系，那是你值得被艳羡的选择，可是目前不一样了。

他小富即安有错吗？似乎也没有。有很多人“成都”情怀很浓烈，对生活欲望不多，休闲任性，守一方家园，稳稳的幸福，没什么不可以的。

最大的痛点就在于不是一类人，走到了一起。

合也是痛，且欲罢不能。

2

没有谁该做什么，只有谁想为家付出什么。

男人观念比较传统，期待男主外，女主内。而你有现代知识女性的追求，也不想被家庭羁绊和束缚。这是分歧最大的地方。

家庭的幸福是双方共同付出换来的，你们都略显自私了。

我不是为男人说话，毕竟在绝大多数的家庭模式里，男人能做到接送孩子，晚上给孩子做饭，开家长会运动会，确实已经不容易了，这不能不算是努力地维护和付出。

你觉得是应该做的，还是应该感激和感恩？

我们看到过很多和谐的家庭。女博士为了家庭放弃自己的科研之路，女明星为了家庭退隐江湖。这些可能都是你丈夫不平衡，甚至对你的事业“恨如仇人”的原因。

当然，我永远不认为女人必须回归家庭。我们也看到无数在女强人背后做后盾的男人，温暖包容，笑容可掬，可是他不是，至少他不愿意。

他不愿意做你背后永远默默付出的那个男人。

这就不和谐了，不和谐就争执不停，不和谐就会失去默契。

不要做傻瓜，等待枯木开花

《婚恋心理学：爱过你，不如爱着你》

北辰 李月亮 著

POST CARD

To:

From:

央广著名男主播&自媒体高人气女作家
智慧破解情感迷局，让你好好爱下去

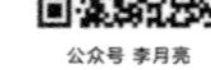

公众号 北辰在找你

公众号 李月亮

荔枝微课 星月微课

如果爱，请深爱

《婚恋心理学：爱过你，不如爱着你》

北辰 李月亮 著

POST CARD

To:

From:

公众号 北辰在找你

公众号 李月亮

荔枝微课 星月微课

央广著名男主播&自媒体高人气女作家
智慧破解情感迷局，让你好好爱下去

爱需要用心，更需要智慧

《婚恋心理学：爱过你，不如爱着你》

北辰 李月亮 著

POST CARD

To:

From:

公众号 北辰在找你

公众号 李月亮

荔枝微课 星月微课

央广著名男主播&自媒体高人气女作家
智慧破解情感迷局，让你好好爱下去

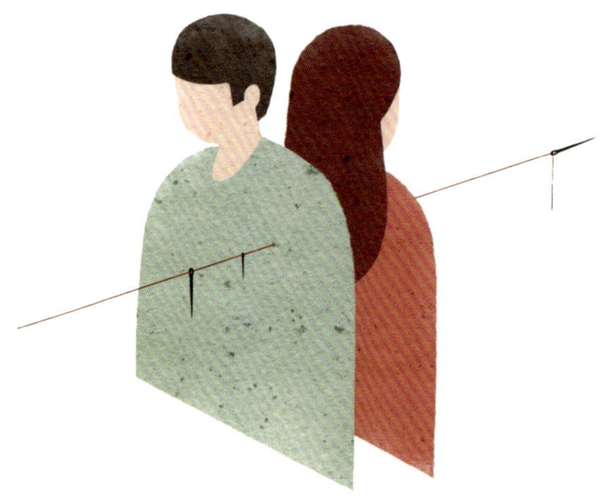

宽容和尊重，是所有情感的必修课

《婚恋心理学：爱过你，不如爱着你》

北辰 李月亮 著

POST CARD

To:

From:

荔枝微课 星月微课

公众号 李月亮

公众号 北辰在找你

央广著名男主播&自媒体高人气女作家
智慧破解情感迷局，让你好好爱下去

3

每个人都有义务为自己的选择有所承担。

你有一个挺低级的错误，那就是谈恋爱时就一直想着分手，这说明本身感情就不太牢固，或者你已经意识到了在价值观和未来规划方面的不协调，那么孩子匆匆到来成了你结婚唯一的理由，这本就是和爱无关，所以，这个草率、无奈、被动选择的婚姻，开始就不理智。

我们要为自己的行为买单，这就是冲动的惩罚。

还有，其实你们互相有爱！

对方表现得忍无可忍，决定放弃在上海的生活，回归田园，其实就是想逼迫你改变结构，放下梦想，也能回归家庭，相夫教子，这也可以理解为他想破釜沉舟地给濒临死亡的婚姻最后的心肺复苏。他想挽救，不是毫无念想地放弃。

细节可证。每次虽然他提出离婚，但是行动上都退缩了，你出国他又提出来，是希望留住你。

其实你也爱着。你一直希望扭转和改变他，那么你有具体解决方案吗？

并没有，这就是最大的问题。

吵架是吵的情绪，而提供解决办法才能让无休止的争执结束。

解剖清楚了，才能给建议：

1. 放弃互相指责，重新规划。

家庭生活需要有规划，和职场一样，小到三年五年，长到一生一世，因为有共同的家庭梦想，才能持续走到一起。求大同，存小异。

2. 各退一步，一起并驾齐驱。

都主动理解对方的付出，并心怀感恩。婚姻是一起牵手同行，谁走得太快或者太慢，都注定要分开。

3. 多表达爱，摈弃无谓争吵。

所有对话要以爱为前提，多说对方的好，多批评和检讨自己，这样对方心会柔软，才能有一个有温度的场子解决问题。

最后，明确告诉你们，离婚，我不同意，因为都是好人，因为你们还没尽力。

因为不至于此。

♀ 月亮说：

血的教训。“三观”不同真是不能结婚啊。

有件事可能大部分人都没想过：为什么结婚前要谈恋爱？“谈”恋爱应该谈什么？你可能以为只是谈感情，其实，更重要的是看“三观”——通过闲散的聊天，琐碎的沟通，慢慢了解对方是什么人，有什么想法，对未来有怎样的规划。

因为婚姻的本质是一场合作，而且是极其紧密复杂的合作，所以在开始之前，两个人必须大致有个判断：我们的合作目标、合作方式一致吗？如果不一致，那彼此有宽容退让的余地吗？如果都没有，必须趁早解散。

比如他想要一个贤妻良母，而你是个事业型女人；他想要一窝孩子，而你一个都不想生；他解决温饱就满足，而你渴望名车豪宅环球旅行。然后彼此又都不愿意做出让步，那这婚，当初就不该结。因为这都是巨大的雷，一旦结婚必然引爆，炸得你们体无完肤。

所以，如果“三观”不同，什么年纪大了、怀孕了、当时状况不好……都不是结婚的理由，甚至连感情好都不是。因为感情会变，而“三观”难改，天长日久，分歧会把爱情都耗光，只剩拼死较劲的两头倔驴。

当然，这些马后炮是说给未婚人士听的。

而你们已经结婚了，孩子都七岁了。

那现在怎么办?

老实说，我不看好你们的婚姻。

虽然看得出你们俩骨子里都不想离，这个家一息尚存，但对你来说，有一点是特别可怕的——他一直“打击你，诋毁你，阻拦你上进，阻拦你学习，阻拦你变好”。可想而知，跟这个人继续生活下去，你的人生会受到多大的阻碍，你的幸福感会有多低。

我曾写过一篇文，题目是“好婚姻让你绚烂，坏婚姻让你腐烂”。

一个好的伴侣，应该是人生的加分项，如果明摆着会让你变得黯淡，甚至腐烂，那么不要也罢。

婚姻是现实的，我们嫁给一个人，必然要图对方点儿什么，如果像你所说，没有钱，没有爱，没有支持鼓励，只有打击诋毁，那你图啥?耗上几十年的人生，就图孩子有一个完整的家?未免代价太大。

倒不如你们分开，各自去找“三观”一致的人重组家庭，他找他的贤妻良母，你找你的体贴良人，分别过好自己的日子。

更幸福更闪亮的你，一定能给孩子更好的爱，这其实好过让他生活在一个完整却阴郁的家里。

有的婚姻，确实打一开始就是错的。我们要有直面和改正错误的勇气。

当然，你老公有错，不代表你没错。

女人独立自主、赚钱养家、追求事业，这都是我们一直倡导的。但有个度的问题。孩子刚满月你就上班，三岁前都给老人带，这确实说明你看重事业多过家庭，估计也确实没有尽到必要的家庭责任，就这一点来说，你是有点自私自我的。

我倒不觉得你去美国两个月是多么不可饶恕的罪过。但这可能是压倒你们婚姻的最后一根稻草，你老公本来已经对你怨气重重，现在又来这么一桩，这是对他底线的硬性挑战，所以不能再忍。

看得出你也爱孩子，为他的未来做着长远规划。但其实给孩子准备再多钱，找再好的幼儿园，都不如好好地陪在他身边。

女人确实不容易，兼顾事业和家庭是个特别难的命题。我一贯的观点是，一百分的事业零分的家庭，或者零分的事业一百分的家庭，都不会幸福，好的人生，需要平衡，哪怕事业和家庭都是六十分，也是平常的幸福。

所以，你需要做一些取舍。如果能把精力收回一部分，放在家里，可能你老公对你的态度会有转变，你的婚姻还有救。

或者就算离婚，在下一次婚姻里，你也需要为家庭多一些付出。

否则，恐怕还是另一场鸡飞狗跳。

读者说：

这篇叙述和后期评论让我对现有的社会家庭分工有一些新的启发，男主外也好，女主外也罢，都不是重点，重点是你们没有共同目标，他在消极对抗，你在负重前行。在我看还是离婚好，你可以找保姆照顾孩子，或者判给他爸，你付抚养费教育费，但是，多去看孩子，和孩子保持良性沟通！现在这样的家孩子并不会幸福多少！当代社会，女人通过自己的付出去获得想要的生活有什么不对，嫁汉嫁汉穿衣吃饭，你不能提供更好的生活，我不偷不抢，不犯法，有什么不可以去努力的，谁都没有权利阻拦。女人不用怕离婚，离婚了你还是孩子妈妈，互相平衡吧，这世界上所有的好东西都是要付出代价的！

Hellen

其实就是双方对彼此的付出不领情。作为赚钱多的一方，尤其是妈妈，在孩子上幼儿园之后很容易想到小朋友日后发展规划问题。双方都是外地人，公立重点小学不容易进，民办小学学费贵，很现实的问题。所以在事业上积极进取没有错。而男方大概一直羞愧于女方成为家庭经济支柱，同时也深深了解生活在上海多赚钱的必要性，所以也想着不如退守老家，媳妇就不用总想着要挣钱，可以多照顾到家庭。反过来，如果男方感激女方在事业上的成功和努力，而女方体恤男方为了家庭做出的贡献，好好沟通，不把本该感激的事变成彼此指责的把柄，应该就没那么苦恼了。

徐韦玥

体贴和爱，是恶劣关系的强力解药

两位老师：

我妈六十五岁了，和我爸结婚已经有四十五年。

九年前我爸性情开始大变，对所有家人都很冷漠，买包花生都不耐烦，反而对外人很热情有求必应，办事跑很多路他都乐意。

我妈有胆结石，有天深夜犯病，又吐又烧，她一个人起来叫车去医院，我爸装着没听见不起来。

我嫁到国外有二十年了，我弟那晚出差。第二天早上我们质问爸怎么不陪妈去医院，他还撒谎说是妈不愿意叫他陪着去。

这样的事不是一回两回了。2008年大雪，我妈走路摔跤胳膊肘骨折，我爸因为要多做家务一直骂骂咧咧，导致我妈带伤干活，骨折很久才好。

除了冷漠，我爸还脾气暴躁，以前是偶尔大发雷霆，现在每礼拜都有。上礼拜我回国探亲，为了很小的事，我妈叫他不要把啃过的鸡腿放回盘子里，其他人还要吃不卫生，他涨红了脸就开骂，说都是他在吃差的东西，我们很浪费，不停地讲一堆难听的话，嗓门震天。奇怪的是，他从来不敢在外人那里发火，好脾气得很，就敢在我妈和我弟那里发火，在我弟公司当着员工的面骂我弟，叫他威信扫地。

我爸还有一个毛病，他卫生习惯很差。比如你把地擦干净了，他从外面回来嫌麻烦不换鞋又踩脏了，大汗淋漓都不肯洗澡换衣服，妈把他衣服拿去洗他还骂怎么又洗衣服了。我们吃瓜子把壳吐盘里方便倒，他随便吐。还有很多，总之一个字：脏！

他生活习惯也差，他每天凌晨四五点钟就起床了，吃早饭把厨房餐桌搞得一团糟。吃了午饭他能从十二点睡到四点，他说无聊所以睡觉。可他明明可以收拾一下家，收拾自己，陪伴第三代。他太自私，只想着他一个人所以才无聊。

我爸还非常小气。我和我弟家经济状况都很好，我妈退休金再加上返聘收入不错，我妈收入一直比爸高，家里不缺钱。但我爸对自己很小气，对家人更小气，不给孙子孙女们买礼物，我妈叫他买点儿好吃的他还嫌贵不买。我们自己花钱买东西他也不舒服，说我们太大手大脚。

因为我爸的原因，本来很舒心的日子现在是度日如年。我妈下班了不想回家，在外面逛商场，晚上七点才回去，不想迈进家门。进门她随便给自己搞点儿吃的，然后就独自躲进房间听音乐，看书，刷微信。

我妈能干又上进，从一个农村姑娘到厂长，管理一百多个员工，退休还返聘。

我爸是国民党官员后代，年幼被抄家，饥一顿饱一顿，他自己的娘和兄弟姐妹都很势利小气，为了利益可以不顾亲情。

我们劝妈离开爸，各过各的，都打算给妈另外买房了。可妈说没用，爸会追上门的，要不然就去折腾我弟。

我爷爷奶奶都是中风，我们不敢跟我爸对着干，怕他发火中风，我们得照顾他，情况会比现在更糟。

爸看到我们都怕他，就有恃无恐，越来越嚣张。

尽管我爸这样，我和我弟都孝顺他，给他买衣服鞋子。我妈也没有不管他，他换季衣服、裤头袜子都是妈在张罗。

我和我弟、我妈商量了很久，没有解决办法。可这日子太折磨人了，请两位老师帮助，给我一点儿建议，起码可以改善的办法，指望爸改变那是不可能的。

北辰说：

1

你遇到了一个假爸爸吗？

大家会不会和我一样，看完整个故事，第一个直觉是，妈妈嫁错了人：一个文明贤惠，一个粗鲁不堪；一个整洁利落，一个脏乱邋遢；一个知书达理，一个胡搅蛮缠；一个有才能干，一个慵懒闲散……

那么婚姻的错误始作俑者在谁？坚持四十五年的错误婚姻，主角又是谁？

中国式的婚姻很多是错误的，只是没人有勇气去修补错误或者选择离开，总是给自己找很多理由：怕别人笑话，怕孩子太小，怕给儿女添麻烦，怕……

各种怕。怕字当头，就是典型的负面心态，自己压抑，孩子们也跟着受苦，纠结。

所以再次验证我的观点：不幸福的名存实亡的婚姻，给孩子带来的负面影响不亚于单亲家庭，别逼得孩子们都主动劝你们离婚了，还在犹豫不决，还在给自己的懦弱找借口。

当然，作为儿女，得感谢这段婚姻，因为否则就没有你。所以，父母再不好，也至少给了我们生命和隆重的养育之恩，还是该心存感激。

你知道一个父亲最伤心的是什么吗？就是视为上辈子情人的女人和他这辈子的女人一起骂他、瞧不起他和攻击他。

2

我有种感觉，你母亲至少是深爱过你父亲的。

虽然在文中你对父亲的优点和长处及个人魅力只字不提，但这不科学。任何个性短长都是相对的，比如一个粗鲁暴躁的男人可能显得很爷们儿；比如脏兮兮的臭男人有时也很性感，要么怎么叫臭男人呢；比如小气抠门换种说法，也许是节俭，你也说了，不仅仅对你们，他对自己也很仔细。

我们总是对男人有很高的要求，希望他最好阳刚蓬勃也温柔体贴，才华横溢又不骄傲自满，事业有成能赚钱又顾家……

可是，没有一百分的男人，也没有一百分的女人。婚姻本身就是磨合和包容的过程，就像经历一场手术，如果要强行把两个人的很多生活习惯和价值观嫁接成一个人，那么难免有排异现象发生。

试想，正因为这个男人如此不堪，那么如果没有深爱，何以坚持四十五年！

3

父亲的内心谁真的了解?

根据你提供的信息：父亲性情大变，说明以前不这样，至少好很多。你说母亲六十五岁，那么估算一下，假设你父亲六十七岁，九年前性情大变，什么时期？五十八岁左右刚好是一个男人生命中最容易出问题的时间段，无论是生理还是心理。那是退休之前的挣扎、无助、沮丧，和正式通知、暗示自我走向衰老的阶段！

这个时期的男人，即将离开岗位和权利，变得无用。

他会发现有小辈和下属对自己不理不睬，不像以往一样毕恭毕敬，他会发现“迎风流眼泪，尿尿呲脚背！”，自尊心和自信心空前跌落谷底。如果这个时期你妈妈反而春风得意，返聘成功，就已经在事实上超过他一大截，如果再加上生活中你们的挑剔、打压、指责、唠叨，一个大男子主义的退休老爸，就会本能地向全家树敌，因为你常年不在身边，当然就直接向你妈妈开战了，他是在维护自己可怜的面子和尊严，哪怕明知道自己不行，是错的，也要故意反着来，抵抗、暴躁、攻击。我曾说过：男人多大都是孩子，天性就不成熟，随时可能叛逆和造反。

很简单，你们不懂他，于是，他就造反了。

把家里搞得乌烟瘴气，一塌糊涂，老婆病了我也不管，其实没准心里是惦记的。

4

老爸不是废人，完全可以“改邪归正”。

我一直坚信人是有血统的。国民党军官的后代，有天生家族中从辉煌到没落的荣辱感，我相信他的血液深处流淌的是倔强和不服。只是我们没能有效激发，只是他自己也无力崛起，在繁杂琐碎却又不得不面对的现实中，他放弃了自己，放弃了努力，没有调整好心态和安排好生活。

我们得帮他！

如果你看懂了我的文字，就完全可以营造一次足以让老人泪流满面的对话。

儿女说说曾经我们眼中高大如老鹰般的老爸，妻子说说记忆中我深爱的那个男人，把他的优点和细节放大，帮他找到新的兴趣点，告诉他你依然很棒，可以做很多事，不管是为这个家，还是为自己，令人开心的事很多很多。

男人把自己困在牢笼里了，暗无天日，而你们的无情又把他连人带笼子丢进了深不见底的坑里。

恕我直言，这样的粗糙老爷们儿最不怕的就是死磕到底，而最怕的是软刀子。

一刀致命。

♀ 月亮说：

这个故事有个诡异又重要的节点，就是九年前你父亲忽然性情大变。而这转变，只发生在家人身上，对外如常，说明：

第一，他的转变在心理，不是生理，否则对外人也做不到和颜悦色。

第二，改变他的主因很可能是家人。

万事有因果。而你和妈妈、弟弟的最大问题，就是只看到果，不了解因。

你们看到的都是表象：他冷漠、自私、暴躁、小气……却对他为何如此一无所知。

一个从前尚可的男人，为何变得“十恶不赦”，而且只针对家人？这才是问题的根本。

有几种可能：

1. 报复。

你没提到老爸为何性情大变，看来是不知道。那么且不说是否家人导致，至少，在他压抑无助的暗黑期，你们没有给予必要的慰藉，在他看来，这就是冷漠。他内心怪罪，所以回报冷漠。“买包花生米都不耐烦”，是不是因为他失望透顶，不愿再为你们付出一丝一毫？

2. 抵抗。

显而易见，在这个家里，你和妈妈、弟弟是抱成一团在对抗你爸一人的，在我们看来，这很正常。但他一定不这么想。他只会觉得自己被孤立。

被孤立是什么感受？答案是：安全感极低，敏感度极高，极度冷漠，异常理智，感情脆弱。

你爸的种种行为，比如一点小事就大发雷霆骂骂咧咧，不正是这种情绪下的自然反应吗？不正是在发泄被亲人孤立的不满吗？

3. 找价值感。

男人年老后，往往陷入自我否定，觉得自己毫无价值，在被世界抛弃，这会让他灰心丧气，特别想重新找回价值感。怎么找？有人会去帮助讨好别人，有人会去招惹激怒别人。你老爸在外人面前是前者，在家是后者。因为跟外人关系脆弱，只能讨好，而跟家人稳固安全，可以招惹。他进门就是不脱鞋，吃饭就要弄得乱七八糟，可能就是在故意宣誓权利，证明他厉害，有本事，可以为所欲为。

4. 对感情灰心。

从你的表述看，你和妈妈、弟弟对老爸爱意不多。

他不送你妈去医院，你和弟弟“质问”他。

你们怕他中风，不是心疼，而是要照顾很麻烦。

你妈下班不愿回家，回家也是自己吃自己玩。

这当然都是你爸咎由自取，但他感受不到家的温情，必然会更加自私、小气——你们都不爱我，我干吗爱你们？亲人都靠不住，钱靠得住，所以爱钱省钱以自保。

虽然你们给他生活上必须的照顾，但这是出于责任还是爱，他心里清楚。

我的建议：

1. 要接纳，不要孤立。他做错事，比如把吃过的鸡腿放回盘子，不要三人一起表现出同仇敌忾的反感。你可以唱黑脸，告诉他这样不对。让妈妈唱红脸，说“有什么大不了，一家人谁嫌弃谁啊，你小时候啃过的骨头你爸都接着啃”。很多时候对错不重要，重要的是让你爸感受到家人的情分，有人在乎他，帮他说出心里话，他自然不会再暴怒抵抗。

2. 要鼓励，不要斥责。他需要价值感，而斥责只会让他更觉得自己窝囊。那么不如多多给他鼓励，比如他偶尔帮忙带孙子，你们一定及时奉上美言：“多亏你了，要不我今天工作都干不成。”“孩子昨天说最喜欢爷爷了。”如此，唤醒他的爱和价值感。

3. 要化解，不要死结。你爸对你们不满，估计心结已久。适当时候，向他表达歉意，“你当年那么难，我都没关注到。”这话你妈说，一定有效果。化解他的委屈，才能根除他的迁怒。

总之，去关注你老爸的内心感受，而不是外在行为。

体贴和爱，是恶劣关系的强力解药。

读者说：

我是医生，我觉得文中的老爸除去社会因素，应该考虑生理因素，即老年男人也有的更年期。我的爸爸那几年就是经常看我、我妈说话做事不顺眼，对弟弟，妹妹还有别人好得很。我同学的父亲也是，这样的患者也很多，一般都是失眠或身体其它不适来看病的，当然脾气也不好。一句话，男人也需要关怀！

听海

生孩子是权利，不是义务

两位老师：

我今年二十四岁，老公二十八。我们结婚五年，现在有三个女儿，老公对我不错。结婚后我们就从老家去外地了。

我们是同村的，老家很传统，很封建，特别重男轻女，可以说是不生男孩不行。我不想再生了，可实在不知道该怎么和我老公说，难以启齿。我老公很好面子，曾跟我说过，如果不生男孩，就会被别人戳脊梁骨。

我想如果不生，大概就要被离婚了。我现在觉得特别压抑，一想到这个事，就想着死掉算了，活着太累！

其实我也想过，大不了就离，我自己带着三个孩子过。但“离婚”这两个字，我也说不出口。我是爱老公的，否则也不可能生这么多小孩。

我们老家的女孩，都是十九到二十二左右就结婚。我很羡慕那些同龄人，他们现在都在为着事业拼搏，我却只能天天在家，当全职主妇，生活一团乱。在花季的年龄，却过早地过上了本不属于这个年龄的生活，从前的天真烂漫、单纯简单都离我而去。

说实话，我一点儿也不喜欢老公的家人，打心底接受不了。婆婆强势、刻薄，几乎不会对我笑，说话时从来都是看别处，不会看着我的眼睛说，导致我也不愿意和她说话。若是我有一点儿事没做好，她就会记在心里，总是说别人的缺点，从来不记优点。

她现在到处和别人说，她要把我家老二带回老家，可是她从来都没问过我，要不要让她带。然后又跟别人说，哎呀，到时候把她带回去了，就不能去跳广场舞了，不能出去挣钱了。

我心想我自己的孩子，你问都没问过我，就要把她带走，是不是太想得理所当然了？还要把自己说得那么委屈，可我也从来没说过要让她帮我带孩子。

每次听到她和别人说要把我家孩子带走，我都想冲上前去大声跟她说，我自己生的自己带，你凭什么带走？

有时我心里会想，大不了破罐子破摔，和婆婆闹翻，然后和老公离婚，带着孩子过。可是我没有勇气，有时我也会嘲笑自己懦弱、可笑。

我的问题：

1. 我要现在就和老公坦白，不想再生孩子了，还是等孩子们都大一些呢？

2. 我该怎么和婆婆说，我要自己带小孩？我怕话说不好，她会很生气。

3. 我是应该离婚呢，还是想办法接受他们家？

我现在好迷茫，不知道未来该怎么办，总有那么一瞬间，觉得这世界生无可恋了……我不知道，如果我离了，未来该怎么走；如果不离，现在的生活，又该怎么继续？

希望老师们能给我些建议，谢谢了。

北辰说：

这次先回答问题：

坚决不生，早就该拒绝做无偿造人设备。就算下一个铁定是男孩也不生。

量力而行，自己带最好，万一能力不足，再后悔就没机会了。

只要不逼你生孩子，不至于离婚，前提是你爱你丈夫，其他都是小事。

你有自己想过的日子，遵循自己的内心，不被动，不委屈就好。

再剖析下根源：

重男轻女的现象在我国很多地区依然存在，不仅仅在我国，在世界范围内都存在，只是当一个约定俗成的观念根深蒂固的时候，是认还是不认，这是一个问题。很多女性会选择坚持，会抗衡，后来她们做到了。如果自己心甘情愿，也不会痛苦，如果奋起抵抗，至少不会后悔。

你都做不到。你的最大问题是接受了一半，不想再接受了。所以痛苦纠结。

最可怕的事情就是不满意现状，却又不愿意面对问题和改变。

女人生孩子完全是自愿行为，是自己的权利，但绝对不是义务。

生不生？什么时候生？完全看自己的人生家庭规划和想法，别人无权强迫，别说婆婆，老公也不行，这事是个两人的事，得商量着来，你不生孩子，他们有权选择离婚，但没权逼你。

生了怎么抚养？也完全是自己的事，我欣赏你不指望别人带孩子的观点，能生就能养，这是硬道理。不过这还要看自己的能力，比如孩子不是你自愿生的，那么如果之前有约定，他家里承诺过生了帮忙带，那就不用客气，也不用有歉疚。

婆媳关系自古也是顽疾，但不是没有解决方案。

咬文嚼字一下：婆，风波的波，加一个女字，意为古往今来，婆婆是制造风波的女人；媳，平息的息，加一个女字，意为平息风波的女人。当然这有很多旧时代封建色彩，只是提醒你，婆婆纵有万千不是，也不能她怎么对我，我就怎么对她，你可以这样对同学、对同事、对朋友，但不能这样对老人长辈，你没资格平起平坐，基本的教养和礼数还是要有的。

我从不包庇任何人，婆婆有很多问题，但是要有策略和方法，不能剑拔弩张，记住，让丈夫为难，没有解决方案的下场就是放弃你。这样的故事我见得太多了。这不是你要的结果。

所以，聪明的女人，一定想一切办法和婆家人处好关系，甚至可以通过自己的努力改变她们。退一万步，就算不能母女深情，也不必撕破脸皮彼此不客气。

如果不逼你生下去了，婆媳关系也缓和了，一家人其乐融融，你还离婚吗？

当然不会，这就是我说的，不至于离婚的原因。我从不反对离婚，如果婚姻是错误的组合，那么不但要离，而且要趁早，有没有感情是关键。但是你们有感情，夫妻两人本身的问题也不大。那么就事论事，再做一次努力看效果。

不生孩子能过就过，不能过谈散伙条件。

家庭关系尽力协调，努力无效再行放弃。

♀ 月亮说：

看完好心酸。默默心疼你一分钟。

二十四岁，别的姑娘可能研究生刚毕业，可能正如火如荼地谈恋爱，可能在憧憬美好人生。

而你，已经是三个女儿的妈，耗尽全部精力带娃，生活一团乱麻。这种日子，恐怕是很多同龄人无法想象的。

最可怕的是，你老公居然还！想！再！生！

天哪。

其实回答你的问题特别简单：

1. 什么时候跟老公坦白？

随时可以！今晚就可以拉过他来，理直气壮地告诉他你不想再生了。他若反对，问他几个问题：

再生女儿怎么办？继续生下去？生出七八个，生到七老八十？人生全砸到孩子身上，除了繁衍男嗣就不干别的事儿了？

目前的三个女儿养好了吗？再生下去，能保证都养好吗？生孩子是要负责任的，是要提供爱和陪伴的，是得拿出真金白银维持他们正常生活的，如果为了别人不戳你脊梁骨，就盲目无知地把孩子带到这世界，让他过糟糕低劣的人生，对得起孩子吗？

最现实的问题，三个女儿已经超标了吧，再生交得起罚款吗？上得了户口吗？

请一定记住，要不要生孩子是你的基本权利，不是男人想生你就必须配合他生。你不由分说生了三个，可以说已经仁至义尽了。

2. 怎么跟婆婆说你要自己带小孩?

很好说啊。一家人吃晚饭的时候，轻松愉快地跟婆婆说：妈，您不用操心老二的事了，我自己能带。谢谢您替我着想，帮我分担压力，但是孩子还是跟妈妈在一起比较好，我苦点儿累点儿不要紧，您该赚钱赚钱，该跳广场舞跳广场舞。

我猜你婆婆想把老二带走，八成是想让你腾出精力生老四。如果她提出这想法，你可以轻描淡写告诉她：这事儿我会和您儿子商量，您和爸爸安排好自己的生活就好了，你们怎么开心怎么过。

这句话的意思是：都各自管好自己，别干涉对方。

看得出你婆婆是老思想的传统女人，崇尚婆婆为尊。她不对你笑，有什么想法不跟你商量，可能是性格使然，也可能是想树立婆婆权威。你不用管，做到晚辈对长辈的基本尊重，不激怒她，不恶化关系，然后尽情依照自己的意愿做事就好。她无权干涉你的人生。

而你，跟婆婆也真是一对。她对孩子有什么想法，跟这个说跟那个说，就是不跟你这个最重要的当事人说。你呢，也是心里一万个念头，翻江倒海，都觉得生无可恋了，也不去做必要的沟通，不想再生不跟老公谈，不想让婆婆带走老二也不跟婆婆说，这么过日子能不累吗?

我们提倡婚姻里面要包容，要大事化小小事化了，但是明摆着的矛盾，是必须要处理要解决的，否则只会让小事化大，大事化更大。

3. 该不该离婚？

当然不该。没到那一步啊。你老公对你不错，你也爱他，又有三个孩子，怎么能轻易离婚？真离了，你一人带三个孩子，没办法工作，日子怎么过？

关键是，你根本就没有努力去解决矛盾，只是自己在心里胡思乱想瞎使劲儿，“可能被离婚”“婆婆可能会生气”这都是你的猜想啊，事实未必如此。你总得先把自己的想法说出来，有事说事，有问题解决问题，能解决就好好过，解决不了再往下说。不能一点儿沟通都没有，就先做最坏的决定，何至于。

多说一句：

不生儿子不罢休这件事，听过太多了。

但是每次听到，还是生气。

你家是有皇位要继承呢，还是需要个壮劳力拉车背柴打野兽？

女儿到底差哪儿呢，身上没有你的基因？还是蠢丑凶恶会吃人？将来不能给你养老送终？

就我所见，倒是有女儿的老人，晚年被照顾得更幸福妥帖。

同样活在这个世界，有的女人打定主意一辈子不生，有的女人冷冻了卵子以备将来想生，而有的女人，生了三个女儿了还背着必须生出儿子的压力。

有人活在二十二世纪，有人活在公元前二世纪。

一声叹息。

读者说：

我生了俩女儿，我公公说我必须三胎要生个儿子出来，我说我不想生，我老公也说不生，他还是照样一聊天就提这事。我公公说孙子孙女他一样看待，我说既然一样干吗还要逼我生。我自己想生的我自己负责，谁也不怨。你逼我生的，孩子生病教育包括日后所有的一切都由你负责，稍微我觉得不满我就会怨你，你能承受吗？他答不上来了。而且这事我基本让我老公去处理的。女人不管在什么环境下，都要有维护自己权益的勇气。我也是全职妈妈，在家带娃，照样我不想干的事情，谁都逼不了我，而且我并不认为我这辈子就只能有我老公这么一个男人了。他对我不好，我照样换。女人别被别人的言论把自己框死在一个胡同里。没有什么是不好说的。长辈不尊重你，我认为没必要忍气吞声。很多老人仗着自己是长辈为老不尊。尊重是相互的，不是说他是长辈就可以随便对晚辈。我只尊重那些尊重我的长辈。

敏姿

天真烂漫与不解风情

两位老师：

遇到老公的时候，我二十四岁，他二十五岁。

开始我不看好他，他和我在一起时很少说话，但经常和我聊QQ，聊天时还有点小幽默。

结婚前，他常会约我出来吃饭、散步等。有一次我手机静音，他打我手机怎么打都打不通。当我发现的时候，他紧张得像个孩子，好像特别害怕我会消失一样，我心里觉得特别温暖，因为我知道我是在他的心里。

我们谈了一年后领证了，并在四个月之后旅行婚礼。

万万没有想到，我们迎来了最严重的一次争吵。忘了原因，反正吵到没办法再继续下去。后来我给他写了很长的信，足足有四页A4纸。可他只对我说了一句话：他根本看不懂，他妈妈看过以后，也没看懂。

我特别失望，突然发现我们两人在沟通上出了很大问题，我说的他听不懂，我问的他回答不出来。

现在我们已经结婚两年了，很少同房，但一开始日子过得还不错，偶尔一起在家做做饭，看看电影，聊聊天，我觉得家特别温暖。

后来不知道为什么，我们总是吵架，从几天不说话，变成了一个月不说话，从小架变成大架，再后来我们干脆分房睡，再再后来，我搬到了我妈家住。

这次吵架是因为：他现在是自己干，我想他找个地方上班，不要像现在这样起早贪黑，偶尔还夜不归宿。还有，我们结婚后一直各管各的钱，我希望可以归一个人掌管，都给他也可以，只要有一个人心里有数就好。

在我妈家住了很久，他从来没给我打过电话、发过信息，也没来找过我。

后来我就找他谈，我发现只有吵架谈判时，他才会和我聊很久，虽说都是满满的怒气。

我们达成了一致：他可以自己干，但十点前必须回家，他的手机网银给我，卡给他。

可是，后来他不到十点不回家，给我网银的卡，他不再用了。

现在我也懒得闹了，我们开始了长时间的分居，每天讲不上十句话，他也从不主动给我打电话。

我特别难过。我是一个特别喜欢说话的人，可是他却不能同我分享我的开心与难过，每次跟他讲话，他只会回我几个简单的词语，最后我都没办法再说下去了。

我生气，他就说：我本来就是个不爱说话的人，你喜欢说，你就说好了。

可是说话也是需要人附和的，一直是我说，我觉得特别累。所以现在我也懒得说了。家变成了冷冰冰的地方，我变得不再爱回家，也不想看到他，他成了一个我一想起就特别难过的人。

特别想离婚，可是又会觉得走到今天不容易，也担心世俗的眼光如何去评判一个离了婚的女人。

我不敢要孩子。他说，要不我们生个孩子吧，这样孩子就可以陪你说话了。

可是我缺的是一个丈夫，而不是一个孩子，他永远不明白。

我们是完全不同的两种人。

对工作，我不求多有成就，只想朝九晚五，有时间陪他。他呢，只想自己干，不在乎挣得多少，只想要那份自由。

对婚姻，我希望他有更多的时间陪我，可他把时间都用在了加班上。

对金钱，我希望我们经济上是一个整体，而他不希望我管他的钱，又不愿意成为掌管一个家经济的人。

对感情，我喜欢生活中偶尔有惊喜，哪怕是他今天早上给我煎个鸡蛋，哪怕是他把煎蛋从圆形变成心形，我都会特别开心。可是他，只希望过细水长流、毫无波澜的生活。

我问他，你觉得你是一个好丈夫吗？他说，我觉得我是。

我说，那你觉得好丈夫的标准是什么。他说就是我挣钱给你花。

我不明白，一个月给我两千，一周都不能陪我吃一顿饭，一天说不上十句话的人，就是一个好丈夫了吗？

我该怎么办？离婚，是正确的选择吗？

北辰说：

哈哈哈哈哈！

看完做仰天长啸状，特想约这哥们，也就是你老公喝一壶！

这是心事馆开张以来，我最喜欢的一封来信。

文字流畅，思维清晰，叙述得当，结构严谨，我脑海里全是画面啊。

看得喷饭，想得逼真，自带三维立体效果。

好了，夸完了，该骂了，不骂你不醒，沉睡在你白雪公主的梦里，你把老公当成了分身无术的七个小矮人。

活生生一个拿着钻石当玻璃碴子的二货女人。

1

男人和女人绝不是一种生物。

你明显不懂这一点，你喜欢你说的时候，他不厌其烦地听，还得配合得漂亮，你喜欢你如水的时候他也得温柔，还得淋漓尽致，至少哩哩啦啦。

天啊，小臣做不到啊！

很佩服你，忘了原因的争吵也能整得级别那么高，上纲上线的，也能写出四页纸，请问才女你以为你是李月亮吗？哈哈哈。

别说谁也看不懂，要是我，根本不看，能吵吵就别动笔！

一般情况下，婚姻里女人动笔给男人只有两种情况：

贴在冰箱上的给老公的温暖提醒，如：臭宝宝，牛奶和三明治在微波炉里，别忘了吃，吃完把嘴巴擦干净，上班时不要想我哟……

等他签字的离婚协议书，如：以上如果你同意，就签字，房子、票子和孩子都给我，自由给你！翻滚吧，宝宝！

有时候话说多了就如同唐三藏的紧箍咒，不管你说的是啥，一张嘴，男人这个孙猴子就很头疼，这就是很多女人的悲哀。

你如是。

2

你们情感越走越远，路线却很鲜明。

吵架，沉默，分房，分居。

“你想让他……”这本身就是一种强势的姿态，不是商量，因为一言不合就吵架，就是指令，就是让别人言听计从。

要知道，想把男人当奴隶管的女人都没有好下场，只有把男人当孩子教育的才得始终。

很可悲，你说只有吵架时他才会和你聊很久，请问，那是不是迫不得已的反抗、挣扎，以维护尊严及权利呢?

看到“后来，他不到十点不回家，给你的网银，卡不用了”，我不禁笑出声来，暗自赞叹这男人很有趣，也挺有办法，事实上。你该发觉了，当初答应你时，他就想好了对策，只是戏弄一下你而已。既然不答应就无休止地争吵，那么用点小计谋也不错，总算维护了自己的尊严。

顺势而下，暂且周旋。

没收和剥夺男人的钱包和工资卡，是最愚蠢最自卑最无能的女人的做法，虽然你嘴上说，他管也好，总之由一个人管理家里的钱，其实谁也不傻，你这话是说给鬼听的。

要知道，一个男人要学坏，和钱真没多大关系。

要知道，一个男人爱你与否，和给你工资卡也是两回事。

3

你为什么怎么烦人怎么来呢?

你说你是一个特别喜欢说话的人，也可以理解为话痨、唠叨、喋喋不休、没完没了。

而男人最讨厌的就是这些，做一个懂事的安静美少妇，不行吗？不好吗?

说好的女人的天生法宝是示弱呢？说好的女人温婉贤淑是最有力的武器呢？说好的女人的眼泪和求抱抱是直抵男人心肺软肋的招数呢?

你采用了完全相悖的套路，所以一败涂地。

你说得挺好，说话也是要有人附和的，要么就成了自说自话，自言自语。和精神病差不多。

他也挺委屈，我不爱讲话，说不明白还吵架，那我听你说还不行，索性不说了，可是你要求还得配合，可是你让我说什么呢？怎么说呢?

有一种女人叫“作女”，就是没病找病，小病变大病，大病变绝症。

说的就是你!

4

这个男人从没想过和你离婚。

他说，要不我们生个孩子吧，这样孩子就可以陪你说话了。

看到这里，我竟生出一些感动。这当然不是一个好办法，你也说了，你需要的是一个丈夫，不是孩子。问题是，丈夫这个身份，你过于理想化，赋予的功能太多了。

当然，也许有一些“三观”的问题，不过那也只能怪你当初选错了人，不能代表男人有问题。

好的婚姻不是开始就满分，那样的都走不下去。

是两人一起进步，互相帮助，取长补短，到死的那一天才八十分，然后留下一些努力的空间，深情地凝望对方：来生，我们还做夫妻。因为功课还没做完呢。

他依然爱你，只是，别让一息尚存的爱彻底断了气。

这封回信没有建议和方法，一是写长了，这还省略了一千五百余字呢。

二是，答案在文中找，若你看懂了，就还有救。

最后一句（据说很多人欣赏）：离婚，我不同意！

♀ 月亮说：

一个天真烂漫的女人，一个不解风情的男人。

非要论断个对错的话，我想各打五十大板。他有他的问题，你有你的责任。

先说你。你有两个大问题。

第一，对婚姻太一厢情愿。

通篇都是“我想”“我希望”“我觉得应该”……但婚姻是两个人的融合，你认为他必须按照你的意愿生活，总觉得自己才是对的，这可能是你们总吵架的根本原因。

其实他想自己创业，想各自管钱，何错之有。你既没权利也不应该逼迫他去遵照你喜欢的方式生活。

你喜欢朝九晚五，你可以这样生活。他喜欢单干的自由，他也一样有追求这自由的权利。

换位思考，如果他不喜欢朝九晚五，就强迫你也自己单干，你做何感想?

爱一个人，就该允许他做自己。

你也有工作，他每个月还能给你两千，说明他收入不比你低，自己创业没问题。当然，他可能牺牲了太多陪你的时间，这是你耿耿于怀的，也是最该解决的问题。那么除了规定他每天必须几点回家，你更该做的，是营造一个温暖舒适幸福的家，让他愿意回来。你说家里现在冷冰冰的，你自己都不愿回，那显然他更不愿意。而这种家庭氛围，不是他一个人造成的，你有一半的责任，你的任性和控制欲破坏了关系的和谐，也破坏了家的温暖。

第二，着眼点太小。

生活是一个大体系，你更该关注一个人的根本，而不是只盯着鸡毛蒜皮，在无关紧要的小事里大悲大喜。

看待婚姻和夫妻关系，应该有一个高度，而不是局限在他有没有给你煎心形鸡蛋，这很幼稚。

他愿意挣钱给你花，说明他是有家庭责任心的男人。

他想要个孩子陪你说话，说明他也在想解决问题的办法，更说明他想跟你长久地生活下去。

当然，他的观念不对，但你应该能从这“不对”中，看到硬币的另一面。

一个成年人，该分清什么是大，什么是小，什么要在意，什么随它去。否则就可能因小失大，自毁人生。

再说他。他也有两个主要问题。

第一是没情趣，完全不懂女人。

你推心置腹四页A4纸，他居然完全没看懂，可见甚是粗糙愚钝。你跟他说很多话，他完全无法应答，可见思维跟你不在一个频道，对女人的心思全然不解。

“他不懂我”“我们无法沟通”这是大部分女人在婚姻里都会有的糟糕感受，而在你这里，尤其突出。

他觉得赚钱养家就是尽到了本分，一方面是观念有问题，另一方面，更是他感情粗糙、缺乏情趣的表现。跟这种人过日子，女人的深层精神需要很难得到满足，这应该也是你最痛苦的地方。

第二，他太自我。

他喜欢创业的自由、不愿意掌管家里的钱，说明他喜欢一个人的自由自在，我过得顺心就行，其他我不想管。这样的男人，可能为家里付出也会比较少，因为他心里更多的是“我”，而不是“我的家”。

还有，你回娘家很久，他一个电话短信都没有，可见他也挺任性的，心里跟你赌着气，就是不想低头示好，不管这种冷淡会给婚姻造成怎样的恶果。虽然他也不想离婚，却没有为维护自己的婚姻做出努力。当然，他可能也不会。他完全不懂夫妻关系该怎么经营。

那么，该离婚吗?

不该。因为你们都还有很大的纠错空间。

你们现在的矛盾重重，是双方都没有搞清婚姻是什么，都太自我，不肯为对方妥协和改变。

你们在恋爱和新婚时，感情不错，说明两个人基本是合得来的，那么如果你们都懂得了婚姻需要包容和退让，以后应该也没有太大问题。

其实既然婚前你就已经知道他话少，但还是接受了，甚至感到幸福，那现在为什么又推翻过去的自己，完全不能接受了？这算不算你善变，他会不会感到委屈?

过去你觉得他某次找不到你紧张得要死，证明他很爱你，这就足够了。但现在你希望他不但要爱你，还要陪你懂你甚至听你的话。这是不合理的要求。好像一个公司老板招了一个会计来，现在又要求他会销售。

而因为他达不到你的要求，导致的一系列鸡飞狗跳的事情，也是你在为自己婚前的天真幼稚还债，谁让你当初着眼点那么小，为了他一次爱的表现就死心塌地嫁了，没有全盘考虑这个人适不适合做老公？谈了一年恋爱，都没有发现他不懂你、你们沟通不顺畅，你也是够迷糊的。

既然是自己欠的债，就别都推给别人，自己想想，既然嫁了，如何将错就错把这段婚姻经营好。

你说觉得俩人走到现在不容易。说明你对他有感情，根本上，你不愿意离。

我的建议：

别再试图改造他的性格，他话少就是话少，喜欢自由就是喜欢自由，天生如此，改不了的。

可以改变的，是他的观念和做法。你要告诉他：我嫁给你，不是为了一个月拿你两千块钱。家是你的家，老婆是你的老婆，顽固任性没出路，用心去爱去维护才是正道，不会可以学，我教你。

记住，要用他听得懂的话，温和地表达。暴跳如雷，或者几页纸的情绪抒发，都没用。

同时，你也要做出改变，别再把自己的意愿强加于人，试着多关注他大方面的优点，忽略无关紧要的细节。

再给彼此半年的调整期吧，如果最终还是无能为力，再离不迟。

读者说：

我觉得各自管钱很好啊，经济独立就是要你互相学着上进，每天都有自己的人生目标要追求，这样才不会特别闲，觉得老公不跟我聊天。

或许他不是不爱聊天，只是你们不在一个层面上，你聊的话题他根本不感兴趣。

我老公跟我平时不太聊天，除了有一个共同有兴趣的话题大聊一阵，不然都是各忙各的，有时候我做案子他抱个枕头在我边上玩游戏。有时候，他忙对账单，我躺他腿睡大觉。

不管怎样，两个人在一起，舒服最重要。

徐聪明

有人离婚，是对自己失望

两位老师：

我和老婆是经过她妈妈介绍认识的，当时我二十四她二十，我性格挺开朗的，脾气有点儿急，我老婆性格表面很温柔，不太爱说话，性格内向，但脾气来了其实气性特别大。

她妈妈也很强势，在家里她爸就全听她妈妈的，她妈妈在家里几乎是张口就骂，老婆和她妈妈的关系也不怎么好。

我俩结婚十三年了，有个十岁的女儿。我对她挺好的，她对我也还不错，我忙的时候会关心她少一点儿，不过她有要求我尽量都满足，要什么就给买什么，她也承认我对她好。

但是，在五年前，她还是出轨了，和对方来往了好几年，对方是个骗子，她还经常搭钱给他。她的性格我了解，爱起来不管不顾的。

今年我和她挑明了，她说谎，说她是被动的，跟对方发生过那么几次关系。其实我明知道她是说谎的。

还有一次在我逼问她之后，她走了极端，自杀过一次，吃了三百片我在外地托人给她买的治病药，我也不知道她是想吓唬吓唬我，还是真的要自杀。

从那以后好几个月，她表现得处处小心翼翼，甚至有时候跪着给我穿袜子，我说不用还不行。但是直觉告诉我，她和那个人还有联系。

于是我又问了一次，她一气之下回娘家了，逼着要离婚，不见我，电话也不接，信息也不回，自己要求净身出户。

后来，她把衣服拿走了，其他贵重的东西都留下了，她一直在逼着我离婚。在处理这件事情的过程中，她妈也避而不见。我去她家，全家人都不给我开门。

离婚的时候，她是哭着离的。其实我犹豫再三，最后看出她一点儿都不留恋，我就同意了。

现在我的问题是，我是否应该挽回她？我对她其实有很深的感情，她也曾经说过对我有很深的感情，我该怎么办？

北辰说：

反胜为败，有理变没理，就是你本人。

你要么别原谅，直接离婚，要么别折磨人，问三问四，问出他们之间一晚有几次高潮，那个男人尺寸比你大很多，你会开心还是愉悦，自信还是自卑？

不可理喻的低级错误。

是你把可能变成了没可能，把爱情逼上了绝路。

任何出轨，都不能是单方面百分之百的责任，我不是为出轨者辩护，试想，谁会放着好好的日子不过，非要以身试法铤而走险？

你本来是受害方，需要安抚的人，但是如果想继续过日子，就必须往事翻篇，选择信任她，重新来过。

你反复追问细节，每一次都是满足私人的心理，在自己痛苦中寻找变态的满足感。也可以理解为受虐心理。

于是你陷入了一个怪圈中，不能自拔，越好奇越想知道，知道越多越痛苦，于是又越发好奇。

出轨的家庭中，可以修复的两个必要条件：对方一时糊涂，知错必改；而另一方真心原谅，只字不提。

我们看到了很多聪明的女人，在丈夫出轨后，选择了在人后把眼泪擦干，痛定思痛，面对忏悔不止的丈夫，既往不咎，一切重来。这样的结局，往往是女人又收获了一次被追求、被呵护、被重新爱一回的难得体验，不能说坏事变好事，也差不太多。

而你恰恰相反，明知自己深爱着，没法选择离开，但是实际做法却无时无刻不在把一息尚存的可能粉碎性毁灭。

出轨的人本就脆弱、自责，尤其是一个还爱着你的人偶尔犯糊涂，导致的出轨，她跪下给你穿袜子，其实就是一种心理上的自我救赎，让自己能够少一点儿歉疚和不安。

虽然我不赞同这样的极端做法，虽然错了，但是不至于低入尘埃，不至于罪不可赦。

你疑心太重，或者也是导致她出轨的症结。

我想、我分析、我怀疑、我知道……

这是你习惯的思维判断模式，你知道个屁！大多时候我们的主观臆断是错误的，她说自己是被动的，这有什么不信的，你自己都说对方是个骗子，那么简单愚蠢的女人被骗了，成了花言巧语的俘虏，这不很正常吗？

往回分析下，估计以前在你们相处的十几年里，也充满了你对她的质疑、不信任、逼问，试问，谁不会累，谁不会想寻求心理上的平衡。

很多时候男人出轨就是因为家里有一个不省心的老婆喋喋不休、没完没了。这时候当外面出现一个善解人意、体恤入微，哪怕只是隔壁老王家的保姆，他也会一头扎进去。

这就是心理补偿。

多疑和不信任是婚姻中巨大的软肋。谁染上这病都不会好过。

你的逼问，每一次都等于是在她心上扎一刀，扎到无处可扎，一切也就都结束了。

如果捅刀子是为了报复，那么你人格如此，小肚鸡肠，起码算你目的明确，有的放矢。

很遗憾，你不是，你是情商极低，不停地扒开尚未愈合的伤口，每次自己也疼得要命。

哭着离婚，不代表对你还有感情。

别幻想可能了，没可能了。哭着，也许是她对自己所犯错误的遗憾；哭着，也许是对自己挽回所付出的一切觉得不值。

唯独没有爱了，因为你把她伤得体无完肤。

记住，文中开头你曾经说过她是内向的人，那么我告诉你，内向的人就是，我错了，我会用一生去弥补，但是你步步紧逼，不依不饶，那么我宁死不屈。

最后一句：一切都结束了，谁也不欠谁的了。绝无任何可能，即便她糊涂，心软再选择回来，也无幸福可言。

♀ 月亮说：

你对老婆那么好，她为什么出轨?

老婆对你深怀感情，又是过错方，为什么反而铁了心要离婚?

这是你最困惑的两件事。

我来解答。

有人离婚，是对伴侣失望。有人离婚，是对自己失望。

你老婆是后者。

她知道自己做错了。爱了不该爱的人，伤了不该伤的人，又无力扭转局面，惭愧、内疚、痛苦，最后绝望，索性放弃。

放弃婚姻，甚至放弃生命。

——吃了三百片药，显然是真心想死啊，你还怀疑是想吓唬你，这个傻老公。

你跟她过了十三年，还是不懂她。

你不懂她。这是她出轨的原因之一。

之二是，她的原生家庭有问题。妈妈暴躁强势，跟她关系不好。她在妈妈那里，也不被懂得。

女人这辈子，最渴望的就是爱和懂得。偏偏她最亲近的两个人，都不懂她。而她性格内向，不善表达，不知如何去得到自己想要的。

此时，忽然有个婚外的男人，懂她的心，给了她最需要最渴望的回应，于是，就算违逆道德，就算真假难辨，她也不顾一切闭着眼睛跳下去了。

我想她慢慢已经明白那个男人在骗她，也知道该放弃那份有毒的爱，好好回家，好好跟你过日子。只是感情覆水难收，决了堤的洪水要止住蔓延，也很难。

她的理智和感情一定斗争得死去活来，而理智始终无法占据上风，她还是贪恋他的好，放不下忘不了。

她对自己无能为力，所以才选择自杀。

就算你勉勉强强原谅她，她也很难痛痛快快地原谅自己。

你知道她是个爱起来不管不顾的人，但你可能不知道，她也是个单纯的完美主义者。

她想要纯美干净的爱情，也想要美好稳固的婚姻。

但是现在，这两样她都得不到。

她想挽回婚姻，并曾为之努力。愿意跪着给你穿袜子，可见赎罪之心。

可是，她自以为做了所有能做的，你依然会提起、会逼问，于是这个单纯又脆弱的女人绝望了，她看不到恢复信任的可能性，看不到未来和你幸福下去的可能性。

其实没那么悲观，她夸大了问题的严重性。

这是完美主义者的通病。如果婚姻有了疤，就算生机尚存，她也宁可不要。

我不认为你们到了非离不可的境地。

想来你也是同感。

那么，若想挽回，建议如下：

1. 耐心等。不要急于改变现状，给她半年时间，让她沉定下来，看清自己对你和那男人的感情，想明白利弊，调整好自己的心态，过了心里的坎。尘埃落定后，她会知道该何去何从。

2. 调整好你自己。你老婆人不坏，一时乱花迷眼，不是罪不可赦，十几年的婚姻和感情，值得你珍惜，也值得你忍下一时之痛，做挽回的努力。

3. 试着安抚她。平心静气告诉她，那件事在你心里已经过去，你能够重新信任，愿意从头开始。用你最平稳的情绪和最诚恳的态度，给她信心和勇气。

4. 努力去抓住她的心。男人对女人的好，不是她想买什么就给买什么。而是照顾她的感受，满足她更高的精神需求。你尽力去做，她自会被你暖化，愿意跟你好好爱下去，好好过下去。

婚姻有时很诡异。两个好人，未必有好婚姻。两个相爱的人，也未必能白头到老。

愿你们能打破这魔咒。

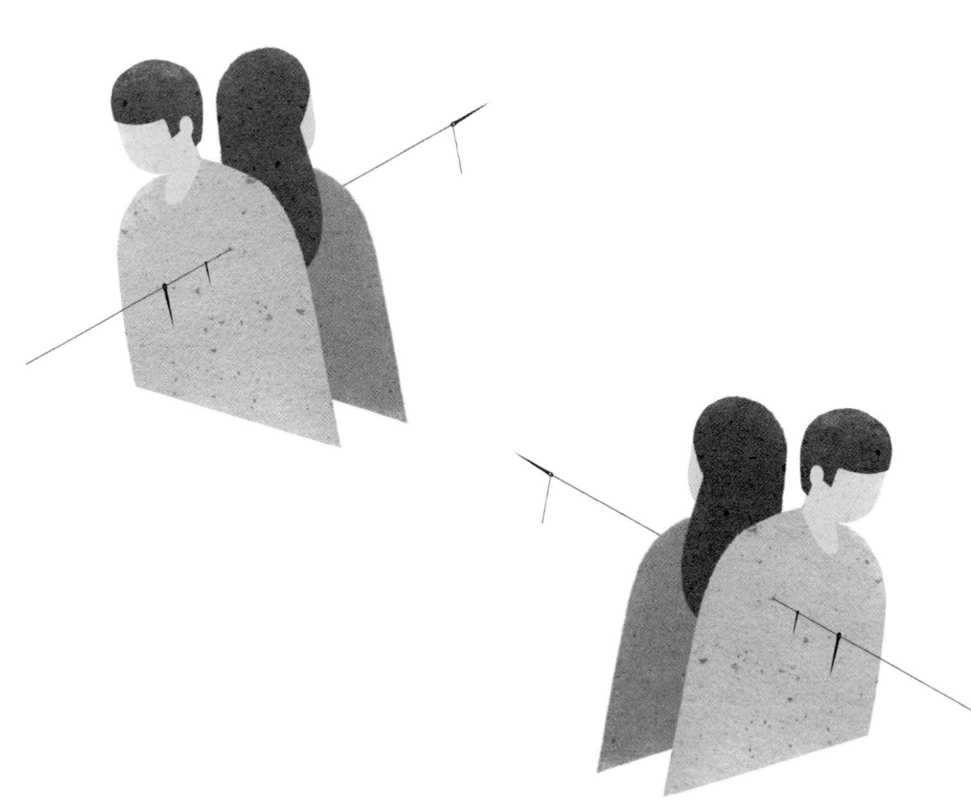

不是所有感情都美好

chapter three

美好长久的婚姻，最根本的两点是选对人，经营好。

婚姻的第三件大事

两位老师：

一直在关注《心事馆》这个栏目，很认可也很钦佩两位老师每次的回答。我心里特别苦闷，又实在没地方倾诉，今天就找两位老师说说吧，也希望得到你们的帮助。

我和老公恋爱两年，结婚五年，感情本来还不错，在别人眼里也很般配。但没有人知道，我们有一个很大的问题，就是没有性。

恋爱时，他就一直挺保守，被动。婚前我们尝试过一次，没成功。因为我也是第一次，什么都不懂，傻傻地以为就是经验的问题，没多想。

可结婚后，我们基本就没有那件事。刚开始他总说累，压力大，没心情，我不知道这是不是正常，也不知怎么应对，基本就是忍着。

结婚第一年，我们没做过几次，而且都很不成功。然而可能是命吧，就是最后一次特别潦草的性爱，让我怀了孕，有了儿子。

怀孕和生产期，他更有了不做的理由。一直到我孩子两岁，他都没碰过我（牵手，搂抱是有的，只是没有性）。

后来我和儿子分房了，和老公又重新睡回一张床，但依然没有。

他的世界里，好像就没有那件事。我主动了一次又一次，他拒绝了一次又一次。

我其实长相身材都不差，产后恢复得也蛮好，有时很温柔地在床上引诱他，他心情好的时候会拍拍我，说别闹了睡吧。心情不好就直接推开我，说你干吗啊。那种态度，就好像我是个荡妇，不要脸的婊子，让我觉得特别屈辱，没有尊严，心一下子冷到底。

每次被他拒绝，我一个人躺在那儿，看着他呼呼大睡，眼泪止不住地流，心情真是无以言表，很沮丧很绝望。

但是第二天，他又总像没事儿一样，该干吗干吗。

我就很火大，看到他袜子扔地上之类的小事也忍不住大发雷霆，歇斯底里地大吼大骂，真的是完全失控的状态。

他骂我是疯女人，却不想想我的火气是怎么来的。

我试图跟他沟通过，问他怎么想的。他总是沉默，逼急了就说，“你老纠缠这个干吗？”

我也是个传统的人，很多话说不出口，但我也是个正常的女人，也有需求啊，那种夜深人静时的寂寞，那种压抑着内心的苦闷，真的很难熬很难熬。

从我怀孕开始，我们已经四年没有性生活了。其实之前也没几次，我从来没有体验过性爱的快乐。现在都快忘了自己是个女人了。

说句心里话，我有时候会想，宁可他出轨，也比现在这样好。

也有时候，身边有不错的男人对我好，我真的分分钟想扑到人家怀里痛哭一场。

我现在很怕自己有一天会失守。我不想背叛，不想承担骂名，不想对不起他和儿子。但这种无性婚姻，又让我特别绝望，一辈子就这么熬着吗？真是太苦了。

啰啰唆唆一堆，不知道两位老师能不能看懂，求指教。

北辰说：

看完后很想冲动地只用两个字结束今天的回复。

离婚。

是的，不需多言。简单粗暴就是正确的，因为他不是男人，也因此让你不像个女人。

那么，还有什么值得犹豫和留恋呢，一个连基本的义务都无法尽到的男人，一个根本没有未来的婚姻，凭什么要放弃女人应该有的权利？既然你不要，干脆谁需要给谁好了。其实我们的一生都是在寻找需要自己的人和事，那才是自我价值的体现，也是人活着最大的意义所在。

此时我喝了一大杯冰水冷静下来。我也是男人，让我来告诉你几种可能：

1

心里有需要，并渴望，但不成功。

也可以理解为心有余而力不足，这是生理疾病或者说性功能障碍。

他连心里都没有，婚前血气方刚都没有主动过。我们一般听到的案例，大多是男孩把持不住，想尽办法偷嘴吃，往往是贞操观念比较重的女孩在闪躲，没有安全感。而你们恰恰相反，你主动，他被动接受，还没有成功。在婚后的一年里，多次未果，只有一次勉强了事，导致怀孕，请允许我用“导致”这个词，因为在这里，你的怀孕是悲剧，并不是值得庆祝的事情。

我们完全可以由此判断，所谓的几次性生活，你丈夫目标明确，只是为了要个儿子，以怀孕为目的，所以当愿望达成，便不愿意再交公粮。

所以，他很可能是ED患者。

2

心有需要，但不喜欢你，有其他发泄渠道。

比如有其他女人，只是对你完全没性趣。

不过这种可能也似乎可以排除了，因为在最初恋爱的时候，就没看到他冲动的时候；还有，一般有“小三儿”的男人，起码在最初还会应付一下太太，甚至还有的更主动献殷勤，来企图隐藏，瞒天过海。

这一点他也不符合，而当你主动的时候还恶语相向，侮辱诋毁，这几乎是比连打带骂还让人饱受摧残的冷暴力。

而且从你的通篇描述中，没有任何他出轨的线索，甚至连他自慰的情形都没有提及。

那么问题来了，他的欲望去哪儿了呢?

按照常理，男人正当年，只有几种可能：性功能障碍者，有外遇发泄对象，禁欲者。

3

我们根据你有限的线索，还无法确定是哪一种。

有的性功能障碍者，偶尔可以顺利地进行性生活，他对此只字不提，也许自己了解情况，只是隐瞒了你。

有的出轨者，也会做得隐蔽无痕，至少可以让你这个傻女人毫不知情。

如果他是个禁欲者，也是有可能的，在以往的咨询案例中，遇到过男女都可能出现的禁欲主义者，他（她）们视性为不耻和肮脏，龌龊和不净的事情。

最后不能不提的，他不喜欢女人，可能是同性恋者，所以百般拒绝你的性爱，排斥并无法正常完成夫妻生活。

不过你又没有提到他和其他同性有关联或者暧昧来往表现。

4

在有限的线索下，这是个谜一样的男人。只能说不排除上面的任何一种可能。

我给你的办法如下：

第一，严肃并认真，而且不容回避地提出行使知情权。并告诉他，既然作为你的妻子，我有要求性生活的权利。请正面说明。

第二，如果对方有病，可以一起去医院检查，了解情况，根据医嘱配合治疗。

第三，如果确有外遇，甚至很可能在婚前就有约定，比如无法和心爱的人结婚，你做了替死鬼。那么果断放弃，不要再纠缠。

第四，如果是隐藏在正常婚姻中的同性恋者，那么告诉他，祝你幸福。转身离开。他也是传统观念下的牺牲品，虽然有错，属于不得已为之。

第五，如果一切正常，是禁欲者，那么告诉他，你找错了人，我是俗人，祝他早日找到禁欲系女神，两人相伴到老。

女人是花，性爱是滋润的养分，长期没有规律的夫妻生活，不但叶子会枯萎，就是根茎都会死掉，不要让自己身心再遭受摧残了。

最后努力一次，目的是了解真相。

除非对方愿意调整、改变，否则马上离开。

♀ 月亮说：

婚姻有三件大事，爱情，经济，性。

爱情满足精神需求，经济满足物质需求，性满足生理需求。这三样都达标，婚姻才达标。性不和谐，就少了三分之一，自然不会美满。

人常说没有爱的婚姻不道德，其实没有性的婚姻也一样。

可是我们又总是对性讳莫如深，不敢谈，没处学，这导致很多人都是在对性极其无知的情况下进入婚姻。婚后性质量如何，全靠运气。

而你，运气不太好。

说句马后炮的话，如果你能懂一些性常识，能在婚前的性爱尝试里发现问题，可能就会做出不一样的选择，今天就不至于如此苦闷。

所以我一直是支持婚前性行为的，这是对未来婚姻质量的必要预测。当然，前提是别滥交，别怀孕。

而像你一样运气不好的人，为数不少。只是大家都不说，都看起来般配美满，于是每个人都以为只有自己在苦海里挣扎。

我至少接过几十位无性婚姻里的咨询者，都很苦，都是说不出的苦。

当然，真正让人苦的，不是“无性”，而是“性不和谐”。

如果两个人都对性没有需求，那这件事就对婚姻质量没有太大影响，没问题。

有问题的是“我想要，而你不想”“我需要，而你给不了”“我需要每天一次，而你只想每月一次”。

需求出现差距，就会导致不和谐。要么一方被压抑，要么另一方勉为其难。这种不和谐，是痛苦的根源。

从你说的情况看，你的需求是正常的，问题出在你老公身上。

你们能有孩子，说明你老公还是有一定性能力的，只是比较弱。男人在性方面出现问题，有几种可能：

1. 生理问题。导致性功能障碍的原因特别多，除了生殖器疾病，血液病、神经系统疾病、内分泌系统疾病等都可以引发性功能问题。

2. 心理问题。童年经历、过去失败的性体验、主观上对性的错误认知等，都可能是症结所在。

3. 喜好问题。就像有人喜欢吃苦瓜，有人不喜欢一样。有人喜欢性，有人就是不喜欢。曾有个女咨询者告诉我，她就是讨厌这种无趣的机械运动，每次都是捏着鼻子配合老公，烦得要死。而她其实很爱老公，就是不喜欢这件事。

4. 性取向问题。很多同性恋，会在世俗压力下随便找个异性结婚，这种婚姻，肯定是没有性福的。你老公有没有可能是同性恋？你要留意。

我的建议：

首先，要跟你老公做有效沟通。我觉得你之前的沟通都是无效的，可能你太保守，或者说得太简单，没有讲到重点，所以也没得到他的有效反馈，他没有跟你说出心里话，你至今不了解实情。其实五年夫妻，很多话是可以说的，你要把自己的需求和愿望明明白白传达给他，也请他告诉你他的想法、他的隐秘心事、他希望你怎么做。注意要选择你们最融洽最容易敞开心扉的时机说，你的态度一定要温和，不要咄咄逼人，指责抱怨。

然后，一定要建议你老公去正规医院做检查，看看问题到底出在哪里，有没有办法治疗改善。

最后，不要把你对他性方面的不满，转移到生活中。为了一点小事大吼大骂，是典型的暴力沟通，这种情绪发泄不能解决任何问题，还会彻底毁掉你们的关系。

如果做过所有努力，依然不能改变现状，你依然觉得日子很苦，那么，就别忍了，这个苦海，是无边的。

读者说：

文章里的女人真的是做到仁至义尽！希望她能最后做出努力，果断做出选择，早日回到正常生活中去。

大丽

我也是一样，6年了，比她还久，他如果不是外面有人就是个同性恋，所以我在准备离婚了。一想到在这个垃圾身上浪费的光阴，说实话早就心死了。

轶名

离开他，成全自己

两位老师：

我和他是网恋，现在已经结婚十二年了。

谈恋爱时他一生气就走了，我会去把他追回来。2007年他第一次打了我，我们分开时，有个网友加我，我和他聊到了性，都是人家问什么我说什么，没聊过几次，更没见过面。

他发现了，什么也没说，想办法把我带到了他身边。再后来就有了孩子。

2010年他酒后又狠狠打了我，从那时起我们开始频繁争吵，我也曾拿刀挥向他。一次争吵后，我带孩子离开他，回到老家。我们近一个月没联系，最后是孩子生病需要钱，我主动联系的他。

他对我越来越冷淡，不理我，不许我靠近他。

去年我用另一个微信和他聊天，才知道他对外是那么热情似火。我受不了，摊牌要离婚，他反而比我还生气，说我竟然试探他，还很配合地去了民政局。后来因为东西不齐，我也割舍不了，没离成。

之后的一天晚上，他喝多了，回来嫌我说他，毒打我至耳膜穿孔。

我发消息到他们家族群里，宣布要和他离婚。可偏偏这时，孩子病了，我们母女俩一起住院。那段时间他也不好受。为了孩子，我原谅了他，我们整日奔走在医院带孩子看病。

慢慢我发现他有些不对劲，在他又一次扇了我两巴掌后，我拿了他的手机，发现了他的秘密。

原来他从2016年2月就用另一个微信和很多女人聊天，我发现时他正和以前的两个女同学打得火热。他对我撒谎说出差，其实是跑去见了那个女同学，一天一夜，不接我电话。看到那些赤裸裸的充满挑逗勾引的聊天内容，我不知怎么办了，打电话叫来他姑和他弟，他们把他带走了两三天，说让我们都冷静冷静。

可没出息的我，在他回来后又原谅了他。但我再也不相信他了，总想看他的手机，总想起他叫那些女人“宝贝”，对她们那么疼爱，却不曾那样对我。

查了两三次他的手机后，他改了密码，不耐烦地警告我不许再查看他的隐私。

我每次想跟他谈，他都冷脸相对，说我令他恶心，说我把他身边的人都得罪完了，一个女人把家搞成这个样，让我滚，永远消失在他面前。说我是婊子，和别人聊性生活，不知堕落成什么样了。

我鼓足勇气终于离开后，他却打电话发信息骂我不管孩子，还把我的东西都扔到了门外，无奈之下，我只好回去。进家门后他反复骂我，也否认了他出轨聊天和打我的事，说都是我自找的，还污蔑我外面有野男人，言语极其恶毒。

现在我们虽然在一个屋檐下，但已经形同陌路。因为孩子的身体问题，年后我辞职在家照顾孩子，前两个月他还每月给我一千元生活费，这个月连生活费都不给了。我和孩子晚上睡觉都只是关上门，他却要反锁上卧室门。

一次次的殴打和辱骂终于让我想要放弃了，我不怕离婚，也相信重新开始我会过得很好，可是他现在的态度就是不理我，说如果我要走就把我爸妈和亲家人都叫来，说我外面有人了，要和别人走。我觉得他是在无理取闹，就是要折磨我，还想让我在家看孩子。

刚结婚时，他曾对我好过，把房子买在我所在的城市，车子挂牌也不顾家人的反对选择了我这边，结婚十周年时还给我买了一块两千五百元的手表。现在却像个恶魔……

这样的日子令人痛苦，我想不明白，我们之间为什么会变成这样。他怎么那么狠心绝情？明明是他破坏了这个家庭，为什么反而怪我？

北辰说：

看得我血脉贲张，激情澎湃，如果不是担心被警察抓，我都想给你几巴掌。

打人不好，那我就用语言掌掴你吧。

我一向的原则就是，就事论事，没到场的人就算问题再大，我的针扎不到他身上，就如同和没迟到的人，反复批评迟到的人一样无知，因为他们听不到。

男人有错，错在哪里？

谈恋爱，生气了，并没有和你争执，只是一气之下走了，你去追？你为什么追？是不是自己理亏？太作了？否则为什么低三下四去追？

2007年，按照时间推断，你们已经结婚，打你？为什么？原因呢？我曾对很多施暴的人进行深入采访和心理探究，这种情况下，大多是男人词穷，面对快嘴李翠莲式的女人，无计可施，手足无措，怒气积累压抑到一定程度，能动手就别吵吵了。所以，毫不客气地说，对于很多低情商的女人来说，打，是自己找来的，一步步把男人逼上绝路。

还是那句话，丝毫没有偏袒男人的意思，他打人，无论如何都是错误的，大错特错，你当然可以选择离婚，可是如果不离婚，那么就要考虑，怎么才能不挨打。

在没有离婚的情况下，和男网友暧昧聊天，这是你男人的心理阴影，一个死结。对于本来就爱动手的他来说，在有了这个心理阴影之后，更加容易被激怒，有了接二连三的家庭暴力。

如果要离婚，就请彻底坚决，否则就别演戏，给谁看？当男人发现你只是吓唬他，当然变本加厉，当然没有底线了。

离婚不带齐手续去干吗？有点常识的都知道，结婚证，户口本，离婚协议书，加上几块钱，就搞定了，别自欺欺人了。自己后来还说，也是因为自己割舍不下，请问，是被打上瘾了吗？

你不可爱，凭什么还爱你？

试探，查手机，会让一个男人没有尊严，满家族的宣扬，会让一个男人没有面子。你自己一步步地把可能挽回的机会都扼杀了，并让感情彻底冰冻三尺。

男人开始转移感情，开始朝三暮四，开始没有底线。

你自己也慨叹，曾经对自己那么好的男人，怎么就变成这样，试问，现在的你哪里可爱呢？既然不可爱，凭什么爱你呢？

我也一点儿都不喜欢你这样的女人，唠叨、抱怨、精神出轨、歇斯底里、没有尊严，也不给别人尊严，要求别人的，自己也没做到，还先犯了错误。

其实你还爱着他，只是自己不愿意承认，但是我告诉你，他已经不爱你了。

所以，不要不甘心，路是自己走出来的。

你有三条路选择：

1. 二话不说，带齐手续，离婚。协议不成就起诉，没有离不成的婚。为了保全自己和孩子的利益，可以搜集他家庭暴力的证据，为自己多争取一些权益。

2. 如果不想离婚，那么只给一次机会，适当改变自己，学聪明点儿，只要再动手，绝尘而去。

3. 如果不想离婚，又一边抱怨，还反复原谅对方，那么，活该。

♀ 月亮说：

哀你不幸，怒你不争。

这些年，你一直在被老公牵着鼻子走。他一次次家暴、出轨、污蔑你、折磨你，而你一次次原谅、隐忍、委曲求全，甚至主动求和。于是他越来越嚣张，你越来越受气。

你说你没出息，一点儿没错，真没出息。表面咋咋呼呼，实则虚弱不堪。

守着一个破败不堪的婚姻，一个飞扬跋扈的男人，明明已经没救了，还想着他当年对你的好，纠结于为什么他变得这么绝情。

亲爱的，你该考虑的根本不是他为什么绝情，而是如何离开他重获新生。

这样的男人不拿去喂狗，还留着过年吗？你还想后半生都这么暗无天日地过吗？

他每晚反锁门，说明他已经打心眼里厌恶你，排斥你，不想让你进入他的世界了，那你何不彻底跟他分开？成全他，更成全自己。

你现在要做的是：

一、不念旧情。

他当年确实对你好过。但感情是会变的，当年爱你，给你金山银山，现在烦你，一切收回还要榨干你。日子过的是当下，以前的好都没有意义，现在好才叫好。一个冰淇淋，掉地上了，化成水脏成泥了，你还惦记着它最初的美好，想捡起来让它恢复原状，可能吗？傻不傻？

二、对自己负责。

你实在太混沌太懦弱太没主见，总在看他的态度做法，总在试图调整自己去迎合他。他走了你就去追，他不好受你就心软。可是他跟别的女人聊得火热、打你到耳膜穿孔、对你冷若冰霜的时候，考虑过你的感受吗？所以，别再说“我想离婚，可是他却……”他说什么做什么那么重要吗？他说你有野男人你就有了？他污蔑你你就脏了？他说疯话，你还真往耳朵里听往心里去，也是够傻。人要有自己的主见，更要对自己负责。你的正确思路应该是“这婚姻让我受罪，我必须离开”。至于他愿不愿意，不是你该考虑和在乎的。

三、经济独立。

经济不独立，加重了你的痛苦和被动。男人本来就看不起你，你还手心向上找他要钱，怎么会好受，不知道你的孩子是什么病，需要你辞职照顾。建议你想想办法，继续工作，赚多赚少要有自己的事业。将来离婚，男人该出抚养费，但他有义务养孩子，没义务养你。

四、反省自己的错。

你们走到今天，肯定有你的问题。首先你太弱势，自始至终没把自己放在跟男人平等的位置上，虽然气不过时也有反抗，但本质上，你一路在退让。其次，婚姻出现问题时，你处理得不好。他对你冷淡，你想到的是用另一个微信试探，而不是想办法修复感情。他打你，你不是决绝离开，而是在家族群里声明、找他姑姑弟弟撑腰，盲目扩大问题。还有，是什么让男人越来越厌恶你冷落你，你的性格和言行有没有过火的地方？想一想，改着点儿吧。否则下次婚姻也难幸福。

你也说了，相信离婚后能过得很好。那就勇敢迈出这一步吧。果断行动。加油。

读者说：

女人，请给自己长点志气好不好？离开人渣会死啊？说离婚，又说到了民政局还差证件，看来真是被打上瘾了，你想男人看得起你，首先你要有志气，要有骨气。男人都不爱你了，你还摊开手心找他要钱，别说她了，我们都是做女人的，连我都看不起你。女人，你要独立。

眺望远方

婚姻与阴谋

两位老师：

我是上海人，一年半以前，相亲遇到了L，我们各方面条件都比较合适，也比较聊得来。

他进展很快，一个多月就要求双方家长见面，我同意了。之后他觉得很满意，在认识三个多月时想和我领证。

我觉得太快了，也很奇怪他无论外在、家庭、工作都不错，年龄还比我小两岁，为什么这么急着结婚呢？

在我的强烈追问下，他告诉我，他爸妈一年前查出癌症，已经做过手术没有危险了，但还是后怕，而且对我也挺满意，就想早点儿成家。

我很爱他，但还是跟他说现在结婚太早，再多相处相处吧。于是又过了半年，我们领了证，办了婚宴。

可能是婚前相处时间短，结婚后我们常有争吵，原因大致是几个：

1. 他比较计较，什么事都往心里去的，特别是钱，他工资比我少，要是我多花了钱或是给我爸妈多买了什么，他就会不太高兴。

2. 他妈比较强势。婚前他家答应分开住，但婚后又以各种理由拒绝分开。我和他提，他就说："我妈都这样了你这不是赶她走嘛。"我也无奈了。

关键是我们只要一吵架他妈就介入。他妈在门外偷听，一下子就闯进来问吵的什么呀。我感觉她总监视我们，很压抑。后来我就不在家争吵，有什么事在外面解决好再回去。可我们在外面发生的每一点小问题，他都会回去跟他妈说。我性子比较着急，这是我不足的地方。当时也不明白为什么老吵架，老解决不完一个又一个问题，又觉得他什么事都和他妈商量，不和我说，我觉得夫妻才是最亲近、最应该商量的人啊。

3. 他是设计师，结婚后他总说领导老说他又出错了，同事有给他打小报告的，我就说你哪个地方出错了，以后注意，同事打报告是不是你说话不注意，让人家误会了。他就更急了，说我不替他想，为什么总是让他改错，他是希望我说"没事，错了就错了，谁还不出错啊"这样的话。

4. 他妈让他在相亲群里和别的女生相亲聊天，有一次被我发现了。我很气愤，觉得他怎么会这么做，大吵了一架。他说知道错了，以后不会了，还跪下求我别离婚。为了维持婚姻我忍了，但心里很难过，觉得他根本不爱我，要不他妈再逼他，他也不会这样做。不过他确实是个妈宝男，离不开他妈。

5. 最重要的也是我最没想到的是，过年后他越来越不愿上班，说领导找他谈话，说再这样出错就会辞退他，他压力很大。上班也三天两头请假，在家时心情很低落，不爱说话也不见人，就经常今天和他妈出去一阵，明天和他爸出去一阵。

我总感觉他有事瞒着我。后来他妈就把我们分开，让我先回娘家，说害怕我和她儿子吵架会刺激他，他就真的毁了。我不明白怎么两口子吵架就毁了？而且那段时间我们也没吵架，是他工作压力大才心情不好的啊。

我很疑惑，多方打听才知道，他有抑郁症，三年前就犯过，还有自杀倾向，受不了一点儿刺激和压力，这次工作上的事让他又复发了。

而且他妈妈也有抑郁症，应该是遗传。

我真蒙了。

后来的两个月，他妈不让我们见面聊天。我觉得自己被欺骗了，恨他的隐瞒，也怪自己太仓促结婚。和他结婚是想好好幸福地过一辈子，怎么会出现这样的事。

最后我决定离婚，我不能和这样一直欺骗我的人在一起，以后也不能要孩子，因为这病有很大的遗传性，不能对不起孩子。

现在我离婚两个月了，还是很难过，觉得我的美好婚姻就这样一下子没了，还成了个有婚史的人。有时也自责没选好人也没经营好婚姻，我压力很大，不知道以后会怎样，还会不会有一个长久幸福的婚姻。

希望两位老师能给我些意见，谢谢。

北辰说：

如果单纯是你老公的抑郁症，我倒不觉得必须离婚。

他的病当然会给你造成困扰，会影响你的婚姻质量。但他三年都没发病，可见症状不重，也有痊愈的可能。

你爱他，如果他够坦诚够独立，估计你也会愿意陪他慢慢走出阴影。

但他的错误做法和他和母亲的病态关系，让你们之间有了深深的芥蒂，这可能是促使你离婚的重要因素。

其实抑郁症到底有没有基因上的遗传，现在没有定论。亲子之间的抑郁症传递，更可能是教养方式的影响。

有朋友说，她妈妈是抑郁症，她家养花养鱼都不活，家里的狗都不跟别家的狗玩。所以，一个抑郁症的妈妈，可能会遗传给孩子抑郁体质，比如敏感脆弱，易受刺激，但这种体质会不会发展成抑郁症，与她给孩子创造了怎样的成长环境更有关系。

我们不能妖魔化抑郁症，这只是一种正常的疾病。很多人得过，治愈甚至自愈的也很多。只有很严重的，影响才比较大。

当然，要不要接受他的抑郁症，他的隐瞒，以及他和母亲的关系，是你的选择。

你选择离婚，我支持。

有三句话对你说：

1. 你没做错什么，不必自责。

2. 有婚史的女人，也不是多大的污点，别给自己扣大帽子，你依然值得被爱。

3. 下次婚姻还当慎重，但要相信自己不会总那么倒霉。你听过我的课，知道美好长久的婚姻，最根本的两点是选对人，经营好。

那就先擦亮眼睛，去找那个对的人吧。

他一定在。

♀ 月亮说：

看开头就觉得有阴谋，果然。

有时人生里的陷阱防不胜防，你已经算慎重了，在他们家迫切催婚时，依然多相处了半年，只是那段时间他没发病，蒙混过关了。

后来也是靠你警觉，发现了异常，才了解到真相。

我特别想告诉你：这次婚姻，你表现不错，包括推迟结婚、婚后想跟公婆分开住、发现婆婆过分干预后选择跟老公在外面解决问题、老公在单位有问题你的理性分析、感觉他不对劲后多方打听情况……都不错。

前期你们吵架比较多，这是新婚夫妻难免的，可能跟你性子急有关，但人都不完美，不能苛求。

所以，我们先敲定第一件事：你没有太大过错，不必自责。

第二件事，错在你老公一家。

首先，不该对你隐瞒病情。

从认识你开始，你老公就一直处心积虑想早点儿结婚，这背后，多半有他父母的主使和推动。

能理解他们的心理：因为病耻心，以及担心你不能理解和接受，所以选择隐瞒，想生米煮成熟饭，饭焖到锅里，事儿就不好翻转了。

很多人都是这样，出于私心和担心，对结婚对象隐瞒了自己的情况——重大疾病、婚史、服刑经历、家庭状况，甚至子女状况，瞒一天算一天，骗一天算一天，有的甚至能瞒骗到老。

很多年轻姑娘特别单纯，会无条件相信恋爱对象，啥事儿都往好处想，到最后发现情况不对，五雷轰顶，进退两难。

我有个朋友，每次谈恋爱，她在法院工作的妈妈都要去查对方有没有案底，她觉得她妈好奇葩好搞笑。但真的就有一次，她妈发现她男友曾经抢劫入狱。

所以，恋爱可以随便谈，但要结婚，防人之心不可无，慎重点儿没坏处。

没有人愿意被隐瞒和欺骗，我也很讨厌。所以对你老公一家的做法，必须打一个大大的叉。

如果刚交往时不说出病情，还勉强可以理解，但感情稍微稳定后，就该坦诚相告，这是人最基本的诚信。抑郁症不是罪过，也许早点儿说，你是可以接受的。但他们不但刻意隐瞒，还处心积虑，让你在不知情的情况下结了婚，甚至婚后他发了病，依然没想告知实情，我听了都生气。

有抑郁症不是他的错，但这种隐瞒，大错特错。

其次，你前婆婆干涉太多。

婚后一定住一起，显然是她为了“保护”脆弱的儿子。她意识不到，这种过分“保护”反而害了他。

你们吵架她不但偷听，还要进来参与意见。显然是逾越了婆婆的界限，管得太宽了。

你老公发病后，婆婆把你们分开，不让你们见面聊天，可见何其强势，何其一手遮天。

让你老公在相亲群里跟女生聊天，也是够醉人的。估计是觉得你个性比较强，不适合他儿子，想另觅贤妻。当然你老公难辞其咎，这种事如果不是自愿，没人能强迫他。可被你发现后，他又下跪求别离婚，可见相当没原则没主见。

所以，这是一个病态的家庭，不只是因为你老公和婆婆的抑郁症，更是因为他们的病态依存关系。

这样的家庭，早点离开也是解脱。

读者说：

这位姑娘是自己想多了，很庆幸你是还没有孩子离的婚，干净利落。离婚了的单身生活依然可以很美丽，依然可以寻到自己的那份幸福。放下自己心里的那份不必要的担忧，努力活成自己想要的样子，加油！

冰鑫玫瑰

小白兔碰上老狐狸

两位老师：

想跟你们说说我前段时间的经历。

我刚走出校门，顺利进了一家金融公司。我上司是公司的财务总监，五十三岁，比我父亲还大，人特别好，就是有时脾气特别臭，前一秒说的事后一秒就不认账，我不知被气哭过多少次。

努力工作了一年半，我慢慢从最基础的工作开始一个人抵好几个人干活，我们之间也慢慢熟络起来。感觉既是上下级关系也是朋友关系。他对我越来越好，工作中也不训斥我了，偶尔短信汇报完工作，还会说我一个人不要太辛苦，但我回复的语言全是基于下级对上级的口吻。

同事都说财务总监脾气这么臭，唯独对我比别人好。

渐渐地，他老婆经常来公司，而且两个人的交流有点儿像吵架。

有天晚上十点，他打电话叫我发表格，我们闲聊了几句，对话中也没有过分的地方。

没一会儿，他夫人就打电话给我，说小姑娘要不要脸，这么晚还找领导聊天。

第二天，我心里盘算着离职，他夫人也来了公司，把昨晚的事玩笑一样讲了出来。

过了几天，他发信息告诉我让我不要多想，他夫人误会了。

那以后，我事事多留个心眼，不管电话短信交流都更工作化了。

这样过了半年。有一天，领导约我去距公司八站地的广场吃午饭，当时我是拒绝的，提议来公司谈，可他说不方便。我误以为是和分公司的负责人一起谈事情，便去了。没想到是他一个人，我便快速吃完午饭，先回了公司。

又过了几个星期，他夫人打电话问我，他最近和谁走得近，和公司的谁吃过饭，我说不太清楚，并告诉她我跟他吃过一次午饭（因为当时他夫人态度非常好，我也没必要说假话），她从我口中套出吃过那顿饭后，开始一口咬定我是“小三”。

从那以后，她一发不可收拾，天天打电话骚扰我。

我感到莫名其妙。为了证明自己的清白，我把和上司沟通的短信全部给她看，可她还是不相信，逼我离职，说我不离职她就要跳楼怎样怎样的，很吓人。

公司的老板是他夫人的亲侄子，老板和老板娘找到我了解情况，并且相信我，让我不要离职，他们说我上司的妻子是一个非常小心眼儿的人，多年来不是怀疑这个就是怀疑那个。

我真的不想这样被误会，之后的工作也不知该怎么面对，于是果断选择离职。

我离职时，上司不断跟我道歉，并表示他夫人的这种想法是不可能存在的事情，并且给了我几万块钱。

我没拿这个钱，也表示原谅她。从我的理解出发，这件事大家都没错，如果他夫人一直在这种臆想中生活也会很痛苦，我原谅了她。

离职后，上司的夫人再也没找过我，我也找到了新工作。

这件事已经过去一年多了，我上司会偶尔发个短信问我工作怎样，生活怎样，并表示愿意赞助我做自己想做的事情，我仅仅是出于礼貌偶尔回几句话。

我想问：

1. 不知他对我的这种好是出于哪种好？是上级对下级的欣赏，还是真的如他夫人所想？

2. 之后他偶尔联系我，问我近况，并且说有什么经济困难跟他说，但我就算穷死也不会找他。从一个男性的角度想这件事情，他为什么要联系我？而我以后到底要不要回复他的短信？

3. 过了这么长的时间，我要不要把上司和他夫人约出来？我真的好想还我自己一个清白。

北辰说：

这次我们直接单刀直入，给你答案。还有作答的理由。

问题1：不知道他对你是哪种好？

我想说，他对你怎么样，什么性质的好，关你屁事。那是他的事。既然已经抽身事外，又何必绕回去探其究竟？

问题2：让你有什么困难对他说，为什么联系你，要不要再回复？

不说，不联系，不回复。

用三个“不”简单粗暴搞定。这人是獐头鼠目的伪君子，一半是人一半是鬼，是人却没有担当，是鬼却披着博爱的人皮。

问题3：要不要约出来，还自己清白？

不约！你本不埋汰，还什么清白？自己知道稳住了就好，你的清白是自己给的，不是别人眼中的。

不想墨叽，本想到此结束，怕你不懂，赘述下理由吧：

1

他夫人是什么样的一个女人。

典型的用一哭二闹三上吊来维系婚姻家庭的女人。

我绝对不相信你是第一个让她紧张的人，也不可能是最后一个，这样没自信的女人，往往对自己丈夫身边所有的女性朋友、同学、同事，都会紧张一番，甚至无中生有，甚至妄自菲薄。也许男人有过让她不肯相信的理由和事实，不管怎样，他们的婚姻已经出现了严重的信任危机。我们先不去评论，毕竟向我们求助的不是他们。

有风吹草动，就斩草除根。

一个愚笨的女人，不知道解决主观存在的问题，也就是自己的鸡蛋臭了，不去想冰箱为啥不制冷，而是去追打苍蝇，甚至也不管是不是苍蝇，看到不明飞行物就打！

多疑是一种恶性循环并可以不断扩张蔓延的传染病，可以蔓延到所有事情，可以传染身边的人，连她自己的亲戚都知道她的性格，选择相信你，就可见她的病有多严重。

这是多疲惫、多可怜的女人，这一生我想她只做了这一件事情。

下次估计有飞机从蛋上飞过，她还得忙着打飞机呢。

2

这是什么样的一个男人。

你信中说，做事经常回头就不认账。说明这男人特别怕承担责任，特别怕被指责，也许是在家被责骂惯了，事情发生先洗干净自己，这叫什么？没有担当，男人之大忌。

面对家里无素质、无自信、多疑多虑、胡搅蛮缠的女人，大气不敢出，没有改变的能力，更没有打破局面的勇气，只能甘愿将就着过日子。我用脚丫子想都知道他过得艰苦卓绝。

有蠢蠢欲动的心，却没有突破束缚的胆。

我可以肯定地告诉你，这男人对你不怀好意，慢慢接近、示好，并且不难看出，也已经开始动摇你的心。我想如果他没有家，没有那样骄横跋扈的妻子，没准你们会发生些什么了。

从这个角度上讲，他妻子“宁可错杀一千，也不漏掉一个”的紧张似乎奏效了，可是她不清楚的是，夫妻根本的关系不改善，你走了，还会有新的目标出现，男人是管不住的。

面对妻子的顽劣和多疑，处理事情的极端和粗暴，大多出轨的男人都是打着家庭不幸福、凄惨可怜的外衣来蒙骗女生的，慢慢地他会向你展示自己婚姻的伤疤，然后博得同情、怜悯，像一个受伤小男孩一样扎到你的怀里，而再小的女人也是有母爱泛滥的天性，冲动的时候都不会想一想，我们充其量就是个同事，你这破事和我有毛关系？

3

这是什么样的一个自己。

你未必能清醒地看到自己的内心，那么我来告诉你。

你怕事，凡事想抽身而出，保个周全。从你委屈离职，到至今还想“澄清洗白”就可以看出来了，精神上有洁癖，不允许自己被人设计。

你犹豫，你差点儿就被这个男人的温柔淹没了。逃离，不仅仅是规避骚扰，也有逃避泥潭的考虑，与其纠缠不清，不如转身离开。

我这么说是有道理的，如若没有情分和犹豫，你不会有这几个问题出现。

潜意识里，与其说是不知道怎么办，还不如说，你知道坚决拒绝是正确的，只是自己还有不忍，还希望与其有点儿联系，有藕断丝连的充分理由。

对不起，没有，一点儿都没有，再联系，再回复，你就一样可被诛之。

本来按理说，身正不怕影子斜，我是不主张为了别人的不讲道理而放弃自己的岗位的，何况女人的亲戚，你的老板都站在你这一边，但是转念一想，我们的身子已经开始歪了，心不静，自然风可以倾之，那么走了好。

彻底离开，不仅仅是身子，还包括心。

死了这个心吧。

♀ 月亮说：

1

小白兔遭遇老狐狸的故事。

我来揭穿这类老男人的龌龊嘴脸吧：人到中老年，有点儿小权力，跟彪悍强势小心眼的老婆过了几十年，有点儿烦了，蠢蠢欲动的荷尔蒙无处安放。正好手边有个刚毕业的小姑娘，看起来单纯听话，于是伺机拉拢靠近，企图发生点儿什么。

说白了，无非是饿了，想找点儿吃的，而你，不幸成为目标猎物。

可惜，或者说幸好，他老婆太了解他，太知道这个道貌岸然的老男人藏着什么鬼心肠。所以他还没得手，她先出手了，而且稳准狠，一举成功。虽然用力过猛，但也真不是无理取闹。

以你的单纯，目前还无法理解这位夫人的老辣。她的行为确实过激、不妥，但如果不是这么警觉这么凶悍，估计她老公八十次轨也出了。

2

对你格外好，晚上十点给你打电话，坚持约你单独吃饭……这都不太正常吧。

你离职时，他一边说着“夫人的想法是不可能的事”，一边给你几万块，何其狡猾。

你离职后，他还嘘寒问暖，甚至要“资助你做想自己做的事”，分明是要拿钱收买你。若无所图，好端端的资助你干什么？

司马昭之心，谁都明白。

而你若是个物质的女孩，或者对他有点儿好感，再或者道德底线比较低，怕是一不留神就上道了吧。

他之所以没有对你更直接地表白，是因为看出你还没上路。你回一句暧昧的话给他看看，保准狐狸尾巴马上甩出来。

家有悍妻，盯得这么紧，还贼心不死，藏着一肚子猫腻妄图兴风作浪，这男人也是挺醉人的。

你也说了，他前一秒说的话下一秒就不认账，这活脱脱就是人品问题啊。

人品有问题，又憋着坏心眼，指不定干出什么事儿来。

3

所以，跟这种人，没什么好啰唆的，直接当不认识他吧。

他已经让你失去了一份不错的工作，再联系下去，极可能让你失去更多，处境更困窘，被气哭更多次。

以后他发什么信息都不要回了，当没看见就好。

至于要不要把他和夫人约出来证明清白，哈哈，看到你这个问题我都乐了，小妹妹你是有多天真啊。这不是自取其辱无事生非吗？本来你够清白的，事情也过去一年了，他老婆估计已经放过你，捕捉到他的新动向了，你又凑过去找事儿，是要闹哪样？

整个事情里，你是受害方，没有过错，真心不必自证了。

人活于世，会遇到各种各样的奇葩境遇，有时不可避免地要背负一点儿误会和脏水，没必要非得花太大精力洗白，非得求一个绝对的圆满美好。

清者自清。自己问心无愧就好。

读者说：

记住，妻不如妾，妾不如偷，偷得着不如偷不着！先约出来道歉，然后再诉说自己身边的妻管严让自己如何压抑，还是很欣赏你的，再然后就是“糖衣炮弹”的攻势，你一被感动接着也许就是小三了，最后正房打上门来进行撕逼大战……老掉牙的套路了，姑娘长点心吧！男人这个岁数正是“升官发财换老婆”的时候，老婆已经魅力不再，他们只能从年轻女子身上找到青春时期的新鲜和刺激。人家能把事业做这么大，不是老婆的背景特别强大，有利益支持，要不就是他们一起共患难白手起家，人家不离婚是因为还有责任和情谊，对你不过是找寻刺激，你大好年华何必要陷入？如果你预备远离重新开始，为什么不换掉电话，切断所有的联系，让对方彻底死心？是不是你真的是在期待什么发生？

可欣

爱归爱，情归情

两位老师：

我跟男朋友相识两年半，在一起一年左右。

起初是因为我参加工作面试，他是面试官，后来我们变成了同事。他是个很自信、很有魅力的人。

相处了几个月，他对我也很照顾。没多久他向我表白，我没接受。他又说了很多次，慢慢接触下来，我觉得人还可以，想接触试试，便接受了他。

在一起后我们相处挺愉快的，他什么事都依着我，照顾我，像宠孩子一样地关心我。我们几乎每天都在一起，一起吃饭，一起旅游，一起玩闹，日子就这样一天天地过着。

不久前他说咱们结婚吧，我当玩笑一乐说我还不想，因为他大我六岁。但是我把这件事记在心里了，觉得他家里人也许会着急婚事。

在一起时我跟他一起看了房子，还买了车子，房子、车子都带着我们的回忆。

本以为会这样一直开心下去，我想要跟家里讲他的事，他没同意，说两个人现在的经济状况不是特别稳定，怕家里人不同意我跟他交往（我们那时工作确实出现问题）。

万万没想到，前几天我们在房子里过周末时，他下楼买早餐，然后有人敲门，是一个陌生的女人，进屋就开始翻东西，说是他老婆。

我当时整个人就蒙了，跟这个女人争论了很久，打电话给他问他怎么回事，他迟迟不说话。

后来我收拾东西回家了，他说他解决完给我解释，于是我就陷入了漫长的等待。

他说他们就领了证，两家人简单地吃了顿饭，知道的人很少。领证后没多久他老婆就跑去做了传销，他多次去找，去劝，都不回家，他也提出过离婚，但是都没有结果。

遇见我后，他也一直在沟通离婚的事，准备解决后就跟我说，没想到他老婆不知从哪里知道他买了房子和车子，便找了过来，发生了那一幕。

现在女方不离婚，如果离婚要求男方净身出户，所以一直拖着没有去办手续。他说他爸妈挺喜欢他老婆的，不同意他们离婚，如果离婚就去死。现在他爸爸爷爷身体都不好，他不敢跟家里提他要离婚。

我想要个结果，他迟迟不给，让我忘了他。他说如果他一无所有了，不知道有没有勇气从头再来，怕我跟着他受苦。更多的是，他不确定他老婆真的会善罢甘休。

我放不下这段感情，虽然名头上真的不好听，但是我是真的对他结婚这件事全然不知，我现在不知道该怎么办了。哭了很久，也很难过，他也哭了，从来没见过他哭。

我想问：

1. 他还像最初那样爱我吗？如果所有问题都解决了，我们还可以继续在一起吗？

2. 他老婆明显是奔着物质来的，我在这个时候该怎么做才是最好的？

拜托老师们帮帮我，我的理智和不理智每天在脑子里打架，感觉整个人都快崩溃了……

北辰说：

必须得承认，相比女人，男人更不容易哭，所以男人哭了，就多少有点揪心。

以致我差点儿原谅了他的丑陋，开始有点儿相信他是爱你的。

不过，爱归爱，情归情，并不能减少他的渣和无能。

渣之所在。

隐瞒和欺骗。认识两年半，在一起也一年多，有足够的时间坦诚相告，如果他深爱你，如果他为你负责，哪怕没有结果，他也愿意告诉你实情，然后给你个选择的机会：要不要等，要不要坚持。

哪怕在他老婆上门的前一天告诉你，我都觉得可以原谅，现在不能了，因为是被动交代了真相，被发现了这个惊天秘密。

所以，非渣而不能为。

东窗事发后，他没有积极去减少对你的伤害，既没有果断放弃，也没有解决方案，给你空许一个漫长的等待，最后等来的是举着为你好的旗号分手的结果。

他在为自己的渣找借口和贴金，找一个堂而皇之、迫不得已、博得同情的理由。

包括这凄惨无助的鳄鱼眼泪，全都一文不值。

无能之所在。

说他无能，是基于他所表述的都是事实，面对自己的婚姻，没有能力拯救，也没有勇气放弃，拖泥带水地延续着，不愿意面对离婚的代价和一摊子难题，低能地选择了一个舒适区，等于遮住自己的眼睛往电线杆上撞。以为自己忽略了，就可以一叶障目，谁也看不见。为了填补自己精神和肉体双重空虚，寻找猎物，主动出击，很不幸，你被选中。

就算最初没有离婚的勇气，如果和你在一起后，毅然决然选择放弃原本无爱的婚姻，我依然觉得他是条汉子，只是步骤错了，无可厚非。但是他没有，也许不是不想，是没能力。

爱是要付出代价的，何况是婚外情。

如果我是他，宁可赴汤蹈火，宁可净身出户，也要结束这段婚姻，但并不会和你马上开始，会先弄干净自己，有了爱的资格，并努力几年，再给你一个厚重的承诺和温暖的家。

当然，前提是你愿意等。

勇气，有时候要靠能力来支撑，他没有勇气，自然没有能力。

这就是传说中的爱无能本人。

你，情归何处。

再来说说你，被“小三”，值得同情。

但是知道后的犹豫不决和被动等待不应该，不管还有没有结果，不管是不是满心不舍，都应该在当下坚决选择离开。

离开是一种态度，对欺骗的回应，对他的反击，也是表明自己的尊严和人格。

这样做，反而会促使他真正思考和选择，决定和承担。

有时候离开真的是为了更好地在一起。

我没有坚决地让你放弃，是因为你全程不知晓也无过错，那么就算给爱一次机会，你暂时离开。

这也是最后一次给他的机会。

你的两个问题：

1. 他应该爱过，但是未必愿意承担和你在一起的成本。如果一切都解决了，你心里有没有疙瘩，你还愿不愿意和他从头再来，请自己决定。

2. 老婆为钱而来，说明他们之间感情已经破裂，那么你是否愿意接受一个可能净身出户的自由的他？这也要自己决定，因为没有人替你过日子，去担心柴米油盐的残酷现实。

最后的忠告：

没有人料定此生能否幸福，谁和谁能在一起一辈子。如果深爱，就给自己一个机会，但是要讲究方法，有底线，有期限，谁也不能为谁等待太久。

比如：三个月时间，拿着离婚证干干净净地来找我，否则后会无期。

爱会疲惫，而后荡然无存。

月亮说：

小妹，我的咨询里面，十个被“小三”的故事，九个都跟你如出一辙。

他魅力无限，宠你爱你，好话说尽好事做尽，只是从不许你未来，不带你见家人朋友。

然后某天他老婆出场，东窗事发，他痛哭流涕地讲老婆多么不堪，婚姻多么不幸，自己多么痛苦无奈愧疚纠结。

再然后，各种理由不能离婚，为孩子，为老人，为财产。

最后，他回归家庭，继续他的圆满人生，继续物色下一个被蒙在鼓里的姑娘。

而你心如刀绞痛不欲生，风中凌乱怀疑人生。

渣男出轨的套路，都是一样一样的。

被套路的姑娘的下场，也是一样一样的。

看到你说他不愿意去见你家人，我的心就一沉。

男人对女人最真实最忠诚的爱，就是要跟你发生最紧密的联结，身体上、精神上、形式上、社会关系上。真爱你的人，会不由自主地想要在各个层面跟你密不可分。

而他不肯见你家人，所谓工作经济不稳定的借口，根本站不住脚。都有房有车了，还怎么样算稳定？要登上《福布斯富豪榜》？那这辈子还有戏吗？

其实那一刻你就该有所警觉。

看人看行动，甭管他说什么，只要在双方关系发展上有实质性的躲闪和推脱，都不是好兆头。

他嘴上说要跟你结婚，无非是信口胡言，无非是哄你开心，无非是探你虚实，无非是更彻底更不负责任地“渣”。

应该庆幸他老婆及时出现，否则你不知道还要被蒙骗到什么时候什么程度。

你说“他老婆明显是奔着物质来的”，我完全不认同。

他老婆更想要的，肯定是他的人，他的感情，他们的家。

否则这婚好离。

你和他一年的感情，都难舍难分，他们多年的婚姻，岂会只是一个财产问题?

男人这时候说的话，一大半都是假的。而你头昏脑涨，已经无从辨别。

其实也无须辨别了。他老婆奔着什么来，他爱不爱你，他为什么要推开你，一点儿都不重要了。

重要的是，你清醒下来，果断离开，再勿让他靠近。

未经世事的姑娘，总以为自己独一无二，自己的爱情感天动地，所以，就算发现自己被“小三”，也总觉得自己清白无辜，总相信事情会有转机。

其实，哪有什么转机，从他老婆出场那刻起，你的好日子就到头了，接下来，你如果还是恋恋不舍，只会越来越苦，越来越脏。

被“小三”不是你的错。明知是“小三”还要昏昏沉沉做下去，就大错特错了。

那个把你拉到这臭水沟里的男人，没资格爱你，也不配得到你的爱。

如果不甘心，你可以拉过他来，痛痛快快骂他一场，赏他几个耳光，然后放下爱，放下恨，果断转身，全当世上再无此人。

错误的越线

两位老师：

我是一个外地女孩，三年前跟着叔叔一家来到这个城市，我寄居在叔叔家里。

叔叔家有个儿子，就是我堂弟，今年十五岁，上高一。

堂弟以前很懂事，特别招人喜欢，几个兄弟姐妹中我俩玩得最好。所以到了这里，我暂时就跟弟弟睡，每天晚上我俩都聊天，总是我婶一遍遍催促，我们才睡。

刚来那年春节后，我叔我婶都上班了，我和弟弟还没开学，每天一起玩，也很开心。

可是渐渐地，我发现一个问题：晚上睡着后，我弟会偷偷亲我。

刚开始我没揭穿他，想着他都上初二了，揭穿了尴尬。于是就每次都装睡，假装不知道。

但是后来，情况就有点儿出乎我的预料了——白天我俩一起玩时，他会趁我不注意强吻我，而且不止一次。

我就凶他吓唬他，然后我俩打打闹闹，这事也就那么稀里糊涂过去了。

我以为这孩子就这样，爱闹着玩，没跟他计较。当然我也留个心眼，开始注意跟他保持距离，不再拿他当孩子。

开学后，我就不跟他一个房间了。叔叔家客厅有个大乒乓球案子，我就睡那上面。

其实有时候弟弟半夜起来喝水，还会看看我，偷偷亲我，我都假装不知道。

有天晚上，我睡不着觉，想在被窝里看会儿书，怕我婶说，就没敢开灯，去找我弟要手电。

当时大概十一点吧，我小声召唤我老弟，刚拉他两下，没想到他一下子把我压床上了，我又惊又怕，拼命推开他，迅速逃离了他的房间。

我真不知道事情怎么会发展成这样，我姨家孩子跟我弟一样大，我们整天一起玩也没有这样啊。

第二天，我和弟弟谁都没理谁，我想了一天，决定原谅他。

他在学校是品学兼优的学生，可能是青春期吧，我婶也整天说别的孩子青春期又是离家出走又是性格孤僻的，我弟已经算很好了。

我决定还跟以前一样，下午弟弟放学了，我就跟他说话。可是他对我爱理不理的。我心想他可能不好意思吧，他肯定知道错了，需要时间面对我，我给他时间。

但是从那以后，我俩关系就一直这么冷着，我尝试过跟他沟通，他压根儿不理我。我不知道到底是我心里有疙瘩还是他心里有疙瘩，也不知道该怎么办。

我和叔叔婶子关系其实还行，但寄人篱下的滋味并不好受。以前我弟很维护我，什么都帮我说话。可自那以后，他就不理我了，这也成了我在叔婶眼里处不好和弟弟关系的话柄。

后来我感觉在我叔家待不下去了，不辞而别，回了老家，我叔知道后很生气。

各种现实原因，我又回了叔叔家。

我想着以后要长期待在这里，跟弟弟整天不说话也不是个事，所以想尽办法跟他说话，套近乎，拍马屁，但没有一点儿进展。

这个问题困扰了我快两年了，两位老师，我该怎么办?

北辰说：

都没大错，处理方式有问题。

青春期的男孩子，偶有冲动，选错了对象，本不是太大的事，有错也不至于不可原谅。

你顾及面子，没敢张扬，左右为难，似乎也无可厚非。

叔叔一家觉得待你不薄，你无故离开，当然疑惑丛生，不满意也正常。

因为这里面有你认为难以启齿的情节，所以纠结挣扎，也可以理解。

说说你的处理方式：

第一，后知后觉。一般女孩子都比男生心理生理发育早，按理你不至于在弟弟最早有所亲热的时候还没意识到问题的严重性，假装了无数次。这会让弟弟有误会，以为你知道，甚至喜欢或者也有所期待，这是愈演愈烈的元凶。

第二，不够严肃。又是因为不断的原谅导致很危险的一幕，这次你应该义正辞严地警告他，否则就会告诉他父母，不许再这样。这才是解决问题的根本方法。

第三，不该逃避。离开可以，应该主动和叔叔告辞，可以不揭发弟弟，但是给自己找一个合理的原因。

说说堂弟为啥不理你，免得你纠结不解。

首先，他忽略了你们的近亲关系，误以为你曾经的装傻是接受，甚至也喜欢。

其次，被拒绝和回避后，尤其在你不辞而别后，他视你为敌人，一是内疚，二是也在担心你会不会和家长告发他。

所以，要想他理解你，首先得让他自己意识到自己的行为是不对的，这和成长有关，要么有专门懂青春期心理的老师辅助，要么等他自己长大。他最终会自责自己的年少无知，也会消除对你的敌意。

综合以上，找个合适的理由离开为好。

你也早已体会到了寄人篱下的处境，不是别人对你不好，是时间久了，孩子都大了，一定有所不便。我们就算和自己的父母兄弟也会有摩擦和矛盾，何况是叔叔家。选择离开，并记着人家的好，感恩之心不能因为此事丢了。

所以，尽早独立，三十六计走为上策。

♀ 月亮说：

先说点遥远的故事吧。

在古希腊神话里，遍布不合伦常的关系：地母盖亚和自己的儿子生了克洛诺斯，克洛诺斯和自己的妹妹生出神王宙斯，宙斯和姐姐赫拉结了婚，又和堂妹生了女儿雅典娜……

中国的神话里，也有类似情节：一场大洪水后，世界只剩下女娲伏羲两兄妹，为了繁衍，他们结合了，后世所有人类都是他们的后代。

如果你看过更多神话，就会发现性关系存在于所有关系里：母子、父女、兄妹、姐弟、男男、女女，甚至祖孙，甚至人兽……

总之，没有什么不可能。

神的故事来源于人。原始的人类就是充斥着这样重口味、毁"三观"的原始欲望。

现代人的伦理道德，是在几千年的文明发展里，慢慢建立起来的。

但是，不管人类建立起多么高大上的文明，也很难绝对消灭原欲。

就像虽然我们已经习惯了穿戴整齐在写字楼里办公，但依然有天体沙滩的存在，那里的人们可以一丝不挂地逛荡，释放天性。

同样，虽然社会已经有了明确严格的婚恋规则，但不合伦常的性关系，也从来没有灭绝过，母子相爱、兄妹试图结婚的新闻不时爆出，就更别提表姐表弟的私密情事了。

十几岁的堂弟，和堂姐朝夕相处又玩得很好，懵懵懂懂中喜欢上了，生出了人的原始欲望，其实是再正常不过的事。

可能你的叔叔婶婶愚钝，没有给堂弟讲过有些人不能爱，有些关系要遵守界限。

或者，堂弟顽劣叛逆，不愿遵守规则，明知不可，也要任性而为。

所以，他放任了自己的原始欲望。

而青春期的恋情都敏感而脆弱，你的拒绝令他受伤。

还有很重要的一点：你寄居他家，心态卑微，难免在许多事情上都顺从配合，一切以他高兴为准。而这件事，你坚定地违逆了他，让他不解，让他产生挫败感，让他刚刚出现的男性自尊受到打击，于是不由得心生怨恨。

其实完全不存在什么真爱的问题，无非是他习惯了你的配合讨好，习惯了从你那里得到满足，一旦你不肯宠他，他就烦了、懊丧了、恼羞成怒了。

他这两年里跟你赌的气，心态应该是："过去你的所有玩具都给我玩，我当你是好姐姐。可是这次你明明能让我高兴，却不那么做，太不近人情了，太拿自己当回事了，你以为你多好啊，我还看不上你了呢，哼！"

他知道跟你关系搞僵，就能惩罚到你，给你造成困扰，所以故意这么干。

活脱脱一个骄傲任性被宠坏了的青春期小男生。

当然，他的感情和行为都是不对的。

你没做错什么，也不欠他什么，却因为他的错，扰乱了正常生活。本来寄人篱下，一直谨小慎微，现在闹了这么一出，让自己的处境更加恶劣，还有苦说不出，也是委屈又冤枉。

人生有时候就是这样，别人犯了错，受罚的却是你。

至于该怎么办，我有三点建议。

第一，跟你堂弟谈谈。在你们关系相对融洽的时候，大大方方拉过他来，告诉他，其实我很喜欢你的，但不是那种喜欢，而且堂姐弟是不能有那种关系的。我知道你也不是多认真，你放心，这件事我也不会跟亲人们说，咱们就当它没发生过，继续像以前那样好好玩，行不？——话说开了，他的顾虑和怨气解除了，事情也就解决一大半了。

第二，尽量不要跟叔叔婶婶说这件事，我觉得他们不是多智慧的人，一旦你说了，就算要求保密，他们也可能回头就透露给你堂弟，让他对你更加怨恨。甚至，他们会小题大做，觉得有必要把你们分开，认为你是个危险的存在，那么这个家你就更待不下去了。

第三，不知道你必须待在叔叔家的理由是什么，如果有选择，还是回自己家或者出去住吧。可以继续和堂弟保持正常的交往交流，等他再长大些，懂了更多世事，有了真正的女朋友，你们之间的尴尬和隔阂，也就消散于无形了。

PS：今天我从头到尾最想说的一句话，其实是：小妹妹，你该多读点儿书。

如果爱，请深爱

chapter four

爱过，就够了，尊重别人的选择就是最好的选择。

并不是所有母亲都值得赞美

两位老师：

我现在面临一个很大的困惑，就是我母亲和我男友之间的矛盾非常严重。

我爸在我读大一时去世了，哥哥大我将近二十岁，在远方工作。

大学毕业一年后，我带男友去我家，妈妈见到他有些不高兴，觉得外在条件不太好，但也没有很反对，甚至两个月后我外公去世时，还叫我带他回去吊孝，在我爸坟前说我找了个好对象。那时我男友对我妈也比较恭敬。

转折是在后来，我妈偷偷跑到男友家附近看了，发现他家很穷，地方也很偏僻，于是开始各种阻挠。

中秋节我们接她来长沙到我们租的房子过节，每天她说得最多的就是要我分手。男友看在眼里，没讲什么，依然给她过节的钱，还给我钱让我带她去买衣服。后来我妈出去玩了一趟，把钱花光了。

待在长沙的这两周，她没开心过一天，也花掉我一整个月的工资，后面我俩都不敢再让她来了。

之后她有机会就和我吵架，硬要我们分手。

大年二十八，男友大清早托班车送了家里养的土鸡土鸭过来，说要帮我和我妈养养身体，我准备去拿，我妈不让，说他人都不来，不要。我给男友打电话说，要不让班车把东西再带回去。男友虽然很生气，但还是立马开了他爸的车子过来，把鸡鸭提过来，又给我妈包了红包。我俩在楼下谈了好久。他觉得我没主见，希望我能够立场坚定，站在他这一边。

过年那天，我和我妈吵得不可开交，相互下跪，她甚至说要弄死我。

今年我生日，我妈偷偷来到长沙，想给我过生日，我俩又开始吵，后来男友也回来了，矛盾升级，男友说了几句话，我妈很生气。我想替男友抱不平，结果我和我妈越吵越厉害，吵到她拿刀对着我，说要弄死我的地步。

后来她就昏倒了，右边瘫痪，我送她回了家，看病住院。

主治医生告诉我，我妈患有癔症，身体没大事。

住院期间，我想回长沙，我妈就闹，晕倒在地上，不输液，不吃饭，砸东西，砸自己，跟所有人打电话说我不孝。

我男友这边就一直逼我回长沙，让我不要被我妈控制得死死的。电话从晚上六点打到半夜两点，又从五点说到十一点。他觉得我太狠心了，这样求我，我都不愿回去。

但是当时，我妈虽然是故意的，可确实行动吃饭都不太方便。住院期间，我男友过来给我妈道过歉，但我妈根本不接受，还讽刺他。

男友采取了各种方法逼我，说分手，说要离开长沙，骂我，把我东西丢出去，在我面前哭。

一周后我妈出院了，还是不许我回长沙。我爷爷奶奶姑姑阿姨整整给她做了两天思想工作，她同意了。第二天早上我准备走，她又反悔了，继续装死。从上午八点一直到下午四点。我把能做的能说的都做了，才回了长沙。

现在他们两人水火不容。男友说，以后除了结婚那一次，我再也不会去你家。我妈说，我死都不会同意你们在一起。

老师，我真的很想和男友在一起。虽然我讨厌我妈的行为，但她毕竟是我妈。我该怎么做呢？

北辰说：

前几天我写文章，明确指出：并不是所有母亲都配得上赞美！这个故事夯实了我的观点。

都说世上只有狠心儿女，没有狠心爹娘，这话此时听起来很是刺耳。

爹妈狠心起来，胡乱来的也不少。

打着爱的名义，折磨着折腾着孩子的人生，自己也精疲力尽。

有的父母，真的不仅仅是不配得到赞美，甚至连是否有人父母的资格都值得商榷。

1

你遇到了一个极其势利的母亲。

明明当初在你父亲坟前信誓旦旦，说你找了个好对象，却在暗中了解对方家境后判若两人。如果是真心为女儿的幸福着想，坚持自己的观点，倒也无可厚非，但做母亲的应该有尊严，难道不知道吃人家嘴短，拿人家手软的道理吗？

收了人家的钱，花了。来人家的住处，边吃住边搅和分手，这是个情商何其低下的母亲！

我实在不能理解母女双双给对方跪下是个什么场景，如果你做女儿的为了祈求母亲放过，尚有情可原，那么当妈的给女儿跪下，情何以堪？难道就是为了不择手段地拆散？

女人何苦为难女人？

2

癔症，俗称疾病模仿专家。

简单普及下常识，癔症是心理疾病的一种，就是本无大碍，完全是自己的负能量变成强大的心理暗示，长时间的愤懑、抱怨导致的一种心理问题。比如想象着自己心脏不舒服，就会衍生出和心脏病患者一模一样的症状，所以文中所说的晕倒、瘫痪等症状也是假象。不过，不是刻意装出来的，是自己也不受控制，这才叫病。

既然是病人，那就抓紧治，所有无理取闹和横加阻拦的过激行为也就不值一提了。

当然，观念和性情不可原谅。

3

这个男友的表现可圈可点。

我建议你坚持，因为从头到尾，男友无可厚非。家境贫寒，并没有错，只要自己没有不求上进，就没问题。

在百般无礼的干涉下，人家依然该花钱花钱，该送礼送礼，大的方面没失体统，反而因为你母亲的行为，更显得小伙子识得大体了。

男友说得没错，面对这样的母亲，你该有自己的坚持。

爱是自己的，感觉也是自己的，以后的日子也是自己的。

尤其有这样的母亲，你更该早点儿找个知冷知热、一心疼你的人嫁了。

4

我的几点建议：

1. 忽略你的母亲。癔症本就是心病，是跟斗鸡一样亢奋地到处寻找对手，甚至自己都可能成为自己的对手，想方设法把自己干倒的病态心理，那么，你千万不要让自己硬碰硬，成为她的操练对象。换句话说：没人搭理她，就自然好很多。

2. 坚持自己的爱。恕我直言，如果继续左右摇摆，立场摇晃，也许你男友会感觉疲惫，有一天会选择放弃，因为人家虽然穷，也不至于找不到媳妇，何况你家这个状况，就算在一起了，以后有这个搅屎棍母亲，也够他喝一壶的。

3. 你们必须奋斗。与其把精力分散到这些破事上，不如两人相爱相知，互相扶持，都是苦命的孩子，更应该多去计划未来，努力工作。他家境贫寒，指不上谁，你家也是烂事一堆，所以只有靠自己。这样的感情其实更牢固，可以相互依存，一衣带水。

♀ 月亮说：

中国永远不缺干涉儿女婚姻的父母。

但干涉和干涉不一样。

有的是为了孩子：看出女儿的男友又烂又渣，担心忧虑，誓死不同意。这可以理解。

有的是为了自己：看到女儿要嫁的人，不能让自己有面子或者过上好日子，所以不管女儿幸不幸福，都反对到底。

你妈属于后者，不明事理，为人不齿。

她曾在你爸坟前说你找了个好对象，说明内心是认可和接纳你男友本人的。

后来发现他家穷，才开始极力反对。说到底，是为了钱。

必须得说，这是很多父母的隐秘私心：娶媳妇要娶孝顺的，以保障自己晚年幸福，老得爬不动那天有人管；找女婿要找有钱的，以改善自家的生活状况，补偿这些年自己为女儿的付出。

如果不能通过女儿的婚姻换得物质回报，有些父母会非常不甘心，觉得亏了赔了白忙活了，所以拼命要彩礼，拼命攀高枝，拼命反对女儿嫁穷鬼。

但他们自己绝不会承认，口口声声为你好，其实是竭尽全力为自己盘算。

这种自私狭隘的父母，不值得尊重，更不应该服从。

你男友其实相当不错了。最初恭敬有礼，过年知道送特产，老人需要肯给钱，出了问题肯道歉，这些一般男孩未必能做到。

最关键的是，你妈如此阻挠，他也一直在极力争取你，可见对你情深义重。当然，你对他也一样。

既然你们如此相爱，而他又是个不错的人，那么，你嫁给他，一点儿没错。

错的是你妈。她的出发点就有错，导致观点、行为、思维方式统统都错。既然错，你就不用听，听就是傻。

当然，她的强力反对给你造成了很大困扰，你没有办法忽视她的存在。

给你几点建议：

1. 首先坚定你的信念：好好爱，不分手。

2. 把这个信念传递给你妈。不用多说，也不必争吵，就平静坚定地告诉她，要跟这个男孩在一起，不会改变，没的商量。

3. 尽量让她看到你男友的好和你们的感情。让她知道你们在一起，会幸福。

4. 力所能及地多给她一些钱，缓解她的情绪。她生了病还是要照顾，毕竟她是你妈，养你这么大。她的癔症比较严重，你要重视。

5．不要把你妈妈的什么话都跟男友说，尽量安抚好他的情绪。他们的矛盾，你要做缓冲垫灭火器，而不是火上浇油激化矛盾。

幸福有时来之不易，你是好姑娘，一定会得到。

一边友情，一边爱情

两位老师：

非常开心这次开了一档心事馆的栏目。我最近一直被友情和爱情这个问题所困扰。

过年时，好朋友A让我给他表哥介绍女朋友，此前我见过她表哥一面，就给他介绍了朋友B。B是我十几年的好友。她从没谈过恋爱，第一次见表哥后，两人对彼此印象都不错，互留了微信。之后又一起出来玩过几次。情人节他们还一起出去吃了饭，看了电影。

我和A估计他们快成了，都挺高兴。

可是剧情突然反转了。

B有天打电话给我，说表哥说他们不合适。理由是他没读过大学，而她是留学回来的硕士，可能言语间挫伤了他的自尊心，而且俩人的兴趣差异也挺大，所以不如算了。

介绍没成挺正常的，我也没放在心上。

后来B又约了我一次，她挺难过，说真心想跟表哥在一起。我还劝她，说再给你介绍嘛。

可能是因为我给表哥介绍了女朋友，礼尚往来，他也开始给我介绍男朋友，一个不行就介绍两个。

一来一去不知怎么的，大表哥跟我表白了，更不知怎么的，我发现我也挺喜欢表哥的。

然后我们就在一起了。

我以为表哥跟B的事情早过去了，而且也没规定介绍人不能跟被介绍的一方在一起吧?

没想到，B知道这事后非常愤怒，不顾十几年的感情，把我、大表哥和A的微信全部删了，打电话不接，发短信也不回。

以我对她的了解，她肯定觉得我跟表哥之前就有瓜葛，然后还把她介绍给他，欺骗玩弄她的感情。

我真的很困惑，我跟表哥的事情发生在他们之后很久。而且他们当时也没有在一起。是不是我中间做错了什么？是不是我跟大表哥的每一个进展都该主动跟B说一下，以表尊重？当友情遇上爱情，这中间该如何平衡？苦闷中。

北辰说：

一边是友情，一边是爱情。这话题本身不新鲜，错与对在细节，在时间，在安心与否。

爱有先来后到。

你诚意给闺蜜介绍男友，没有二心，如果自己当时有感，也许就不会介绍给别人了，自己留着多好，所以足以证明，那时候你没有想法，男生也认真地约会，交往，这一点你们都做到了。

爱不能同时劈腿。

第一段感情结束后，你们才开始接触，男孩在开始接触时还给你介绍男友，说明对方懂得感恩，而此时也对你并没有其他想法，也属于正大光明，这一点，也没错误。

爱会日久生情。

你们都不是一见钟情的人，是通过有意无意地交往，增加彼此了解后，互生好感，有心栽的花没成，无心插的柳却成荫，我很看好这样没有设计，没有目的，自然生成的感情。

总之，你们的感情没毛病。

但是，事情没毛病，处理方式却可商榷。

你闺蜜大怒或者误会，其实不仅仅是因为你们在一起本身，更多的是因为被动地知道，甚至可能是从别人的嘴里知道，而不是你。所以，如果你能在确定要开始这段感情的时候，礼貌性地主动告知，或者就没这么复杂了，换句话说，告知是出于友情一场和事情特殊属性的原因，而不是征求对方意见，就算对方不理解，不同意，也无效。

真正的朋友，要讲究格局，明白事儿的，自然理解并祝福，小心眼儿的，自私霸道的，不要也罢。朋友是一路同行的人，既然走路节奏不同，别人要折返或者转弯，不必强求。

这样的朋友，不要也罢，何况是为了一生一次难得的爱情。

还是那句话，没毛病。

凡事但图心安，心安方可理得。

月亮说：

小慧你好。你那句“不知怎么的，大表哥跟我表白了，更不知怎么的，我发现我也挺喜欢表哥”，不知怎么的戳中了我的笑点，哈。生活中你可能是个呆萌的姑娘吧？

当然，我们很年轻的时候，感情通常都很迷糊，很多爱情的生发，就是没理由没逻辑说不清的，反正就是喜欢了，就是在一起了。

其实我倒觉得这种相爱很可贵，比那些掺杂了反复的条件衡量利益盘算的感情，要单纯美好得多。所以首先要恭喜你，拥有这份爱。

只是这爱情的来路有点瑕疵。你前面提到，之前只跟表哥见过一次，那么，基本上也是因为B，你们才真正熟识起来，成了一对。

虽然你问心无愧，但站在B的角度想，她喜欢着表哥，却莫名其妙给你们当了红娘，不管你和表哥之前有没有瓜葛，起码，你抢走了她爱着的人，让她的爱情失去了希望。而且，她的感情是袒露在你们面前的，而你们却是暗度陈仓，瞒着她。

她的心理感受：

1. 怨表哥。“你起初明明跟我谈恋爱，后来却爱上我的好朋友，而我还爱着你，这让我情何以堪。”

2. 怨你。“我什么都告诉你，你却不顾我的感受，跟我爱的人在一起，背叛了十几年的友情。”

3. 怨自己。“我那么努力地争取，却没结果，好友却轻而易举得到了。我太无能，太没面子。”

这种怨恨下，她很受伤，拉黑你们也可以理解。

她的目的：

1. 惩罚你们，让你们内心不安。

2. 发泄情绪，释放心里的难过。

3. 逃避关系。你们的存在，让她觉得自己是个loser，不被喜欢，不被尊重。这种感受太不好，她无法面对，索性远离。

现在看来，起码她的惩罚措施是有效的，你为此感到困扰，潜意识里应该还有些内疚，很想挽回友情。

当然，我不觉得你有过错。毕竟你和表哥在一起时，他和B已经分开很久了。而且生活中，我们的交际范围都有限，很难避开复杂的熟人关系，跟女朋友的前男友、男朋友的前女友产生感情，也是挺普遍的事。

出现这种情况，应该把握几个原则：

1. 不抢，别人好好谈恋爱时，不能横刀夺朋友所爱。

2. 透明，及时主动公开你们的关系，别藏着，否则被蒙在鼓里的那个一旦通过别的途径知道，是很难释怀的。

3. 要好好解释，比如你要跟B说清楚你和表哥是什么时候开始的，她跟表哥不合适不是因为她差，甚至可能是她太好，毕竟她的学历比表哥高一大截。同时，最好跟B表达个歉意，虽然你无过错，但无过错伤害也是伤害。

把该做的都做好后，就不用在B身上较真了。短时间内，不建议你们再打扰她。她需要时间来平复情绪，自我疗伤。过上几个月，很多问题她会想通，也会释怀。到时你若觉得还有必要，再去挽回，会容易很多。

好了，既然已经爱了表哥，就好好去爱吧。祝你们好。

读者说：

缘分的事情谁都说不清，恰恰又爱上闺蜜的前男友，闺蜜难以释怀，是情理之中，只能随着时间的推移慢慢冲淡。

芳草

珍惜眼前人。

浩浩

不要把爱藏在心里

两位老师：

不知道你们会不会看到我的留言，但是我真的需要倾诉一下。

我用心呵护的老婆背叛了我（起码我是这样认为的）。我已经要疯了，这不是危言耸听。

我们十八年同甘苦，共患难，但是最近一年，我发现她很反常，对家和我漠不关心。

我偶尔看到她和网友的聊天记录，虽然不太过分但很暧昧。我去调了她的电话单子，我知道这个行为很无耻，但没办法，因为我太想知道，而且从她那里问不出答案。

结果是我意料中也是我最不想看到的：她和其中的一个网友交往了一年多，见过面，而且还上我家店里来过多次，通话频率很高，有时一天就有很多次，每次都会聊很长时间，最长的一次通话长达一个半小时，内容我无法知道，问她也是白问，什么都不说，只说没发生过关系。

但是，他们在网上有很多暧昧的留言，短信也不少。

我家还有固定电话，我没查，因为我已经不需要看那些了，单从手机的详单上我已经断定，她对我的背叛是身心双方面的了。

他们熟悉我的作息时间，都是我不在家或是工作的时候见面和打电话，我妻子每次打完电话或发完短信都会把号码删除，所以我从没有发现过这个号码。

我已经断定她对我的欺骗和背叛是事实，心里很痛苦，一个月体重下降了八斤。

我自己都很惊讶，怎么会这样。真的，我很在乎我老婆，但我的爱是埋藏在心里的，我不太喜欢表达，我认为我老婆感受得到。

她这样对待我，我很痛苦不平衡，我的家境以前不是很好，但经过我的努力，最近几年很有起色。我真的是苦心经营婚姻，用心呵护老婆孩子，可能我做得还是不够吧，才换来这种结果。

我想请教两个问题，一是能不能对我老婆背叛我的程度做个分析，二是我过不去自己心里的这道坎，因为我知道她在身心上都背叛我了。

我有时真的控制不住自己，打了老婆好几次了，过后很后悔，但当时就是控制不住，有时我都自己打自己，为的是不对她动手。

请在百忙中帮帮我，我的精神真的快崩溃了。

北辰说：

与其说崩溃，不如说你蒙圈了。

词不达意，前后矛盾，主观臆断，事态恶化。

这就是我的感受和评价。

1

只有认定她出轨了，你才甘心？

“我用心呵护的老婆背叛了我（起码我是这样认为的）。”

这是你的句子，明显说明底气不足，后面也反复不定，一会儿说证实了，一会儿说不确定，否则你也不会让我们给你做什么老婆背叛程度分析。

感情中的不信任是把别人推出家门的加速器。尤其对于一脚门里一脚门外的人。

很显然，你老婆到底出轨与否？是不是身心都出轨？是暧昧还是真正意义的出轨？不得而知，我们不去妄下结论。

但是可以确定你们之间肯定有问题。当她没有得到爱的回馈，她开始冷漠对你，热情对别人的时候，是因为你承接不了她的激情，在貌似规律实为死寂的生活中忽略了她的感受。

有时候平静和无趣也可以让爱窒息。

2

爱要以对方收到为准。而不是你的付出。

爱是多么美好的事情，和妻子更是光明正大的爱，为何要深藏心底？要知道女人是感性的动物，也是听觉动物，不一定非要你终日甜言蜜语，但是适当地表达感受，表达对她的在乎和爱意，这是最基本的夫妻相处之道。

你或者是一个家庭责任感很强的男人，但要知道，很多事不是靠责任来维系的，尤其是爱。

你的付出不少，但是对方收到的感受不多，在习以为常的日子中，越来越平淡。

你很爱她，但她不甘于平淡。

我要是你，应该冷静下来想一个问题：我老婆缺什么？

很显然，缺激情，缺浪漫，缺陪伴，缺心灵的链接和共同的感受。

这些刚好是男网友具备的。也是你的潜在威胁。

3

你们有感情基础，她也是在乎这个家的。

十八年的同甘共苦，没那么容易割舍，她之所以回避，隐瞒，至少说明还在乎这个家和你。至少没有明目张胆，至少没有彻底放弃。

我这么说，是因为我真的不确定她对你还有没有爱。很多家庭多年平淡，不善经营，感情消亡，亲情犹在。

她有错，错在很可能是偷偷摸摸、可怜兮兮地不想放弃外面那份愉悦的感受，却又不想失去你。

她有错，错在过于贪婪，总想补足自己婚姻的完美体验，婚内不完整的，就另辟蹊径婚外补足。

她有错，错在不懂调教男人，不懂沟通感受，不知道用合理合法的正确方式改变，进而激怒了你。

你多次失控，家庭暴力，很可能把仅存的感情打没了。

如果还想过日子，那么选择相信她，并彻底翻篇，调整自己的方式，尝试唤醒爱情。

如果不想过了，那么找律师就好。不必找我们。

♀ 月亮说：

别崩溃啊，一个大男人，咋这么脆弱。

你反复说断定老婆身心都背叛了，但还纠结于老婆的背叛程度，我要是说她跟那个男人就是拉个小手聊个小天，你肯定不信。当然，我也不信。

那么好吧，我们就先做最坏的推测，把这事儿坐实了：她对那人动情了，跟那人上床了，该发生的都发生了。

然后呢?

日子还过不过？这是你要明确的第一点。

我觉得你是没想离婚，貌似你老婆也不想。那么就是还要接着过。要过，就得有个理性的态度，就要想想怎么收拾目前的局面，怎么打起精神，把后面的日子过好。

你目前要收拾的，就是你的情绪。

遭遇背叛的滋味不好受。我知道。只是痛苦到要发疯，也未免过了。

出轨是大事儿吗？是。但别人遇到可能痛苦值是八分，在你这里就是十二分。

之所以格外痛苦，有两个原因：

一是你对这件事完全没有预期。因为万万没想到，所以万万不能接受。

二是你观念保守，性情暴烈。热血汉子，眼里容不得沙子，更容不下老婆的私情。

其实出轨是所有婚姻都可能面临的问题，发生率相当高。可能出现在你的同事邻居身上，也可能出现在你和你老婆身上，没什么不可思议的，这是人性。

人就是喜新厌旧的，就是会在日复一日的婚姻里感到厌倦的，就是终生渴望爱情的，就是会对婚外诱惑蠢蠢欲动甚至难以把控的。

有时候婚姻约束不了人性，所以那些事就发生了。

这么说，是希望你能对老婆有稍许理解，理解了才能原谅，原谅了才能放过她，更放过你自己。

当然，不是说她没错。

她有错，大错特错。毕竟夫妻有互相忠诚的义务，她没做到，背叛了你也伤害了你，这很不对。

只是，从你描述的细枝末节里，我能看到她并未全无底线。

每次的短信电话痕迹都及时删除，说明她在乎你在乎这个家，极力避免事情败露。

跟对方聊天虽然暧昧但不太过分，说明她还在尽量把握分寸，不想做得太过火。

你问什么她都矢口否认，说明她知道自己不对，不想更深地刺激你伤害你，还在乎你的感受。

你已经打过她好几次，估计多难听的话也骂过了。就是说，她已经得到了应有的惩罚，为自己的失守付出了代价，她现在的心情未必比你好受。

那么，她知了错，也受了罚，这件事是否就该翻篇了？否则你还能怎样，杀了她？

任何婚姻都难免遭遇波折，十八年同甘苦共患难的相守，不该被这次打击摧毁。

所以，凡事适可而止，让不可改变的过去过去，多为以后着想才是真格。

说到以后。为了将来有好日子过，你还真要反思自己的问题。

你说一直用心呵护老婆和家，我信。

你说不喜欢表达，一直把爱藏在心里，我更信。

而这正是大部分男人在婚姻里的问题。尤其你这种粗糙纯爷们儿，多是羞于表达柔情的。你爱，你在乎，你呵护，但你藏着没说，你认为她能感受到，但是，她能感受到几分？恐怕能有一半就不错。

所以，光心里爱还不够，更要在语言和行动上表达出来。光给她买钻戒买大房子还不够，更要没事儿多喊两声老婆，多说几句暖心话，她累了给她捶捶背，她病了给她熬个汤。

她心里觉得暖，真正感受到你的爱，才不会那么空虚寂寞冷，要去外面找寄托。

还有，你的来信里，通篇都是自己的感受，没提到一句她的想法她的态度她的反应。可见你对她的感受并不关心，至少不够敏感，估计平日里也是如此。

你爱的方式是“我想给你什么”而不是“你想要什么”。比如你可能觉得对女人好，就是拼命赚钱给她花，但她可能需要你每天早回家，陪她说说话。

你感受不到她的需求。你对她的好，不是她想要的。所以你一厢情愿的爱和付出，都大打折扣。

于是在你们的日子有了起色后，她开始饱暖思淫欲，开始追求在你身上不能得到的精神上的满足。

痛定思痛，所有的经历都该让人成长，哪怕你已经快五十岁。经营婚姻是一生的功课，男人尤其需要学习。

知道你这次摔得很疼，但都过去了。再纠缠过往没有意义，不如痛痛快快地从坑里爬起来，拉着你老婆，说一句：不如我们重新来过。

哈，知道这话你说不出口。那就换一句：老婆，以前的事儿就这么着吧，以后咱俩好好过。

读者说：

看不出来男主怎么深爱他老婆了。自以为是的深爱，自以为是的身心出轨。他老婆肯定不对，错的离谱，但男主的问题也不少。与其来这里和老师求助，不如深刻反省自己的问题后和老婆诚心交流一次，再决定是否继续。

Joy

中国式的婚姻里，有多少女人是后悔结婚，又为了孩子在坚持的呢？看了留言说遇到问题要沟通，可笑，沟通有用就不会有那么多家庭矛盾和离婚的了！现在大多数男人的思想还停留在封建社会时期，却没能力让女人过封建社会只相夫教子的日子！所以家庭矛盾更多！女人更容易对婚姻失望！其实婚姻里更该自省的应该是男人自己！

谁暖我心

当老公遇到真爱

两位老师：

我和老公于2001年结婚，之后一直分居，到2009年，我工作调动到了他那里，才终于结束奔波。

原以为一切终于好起来了。万没想到，团聚以后，老公的一场精神出轨，让我完全崩溃。

2013年7月的一个晚上，我们去附近公园散步，对面来了一个人，是他的女下属。

他忽然大喊了两声“哎”，周围都是人，大庭广众之下，平时谨慎而羞涩的他特别兴奋，几乎失态。

我觉得有点儿不对劲。

那女人看到他，答应一声，嫣然一笑，手撩了一下裙摆，飘然而去。

老公开始不一样，眼睛发着光，脸色微红，望着前方微笑，一副醉意醺然的样子，一直不说话。当然，我说什么，他一句也没听见。

我心中警铃大作，却不愿意相信。我是他的初恋，我们是因为彼此深爱才结婚，分居八年，我对孩子和他一心一意，而且我也有体面的职业……

没错，那个女人年轻。可是他老婆没年轻过吗？

我心里乱七八糟，却没表现出来。回到小广场取自行车，更可笑的一幕出现了，他开着锁，却抬着头，继续看着她背影消失的方向……

我没忍住，扬起手在他眼前晃：“人早走了，别看了。”

他平时是温和的人，但这次的反应异乎寻常：“干什么？什么心理？”

“我什么心理，你看你什么行为？”说完我就自己走了。当时虽然心里难过，却没有发怒。那时我并不知道，他已经陷得很深了。

我每天早出晚归。而他和那个女人，早上一起上班，中午一起去食堂吃饭，然后一起回家午休。再一起上班，下班……

一个早晨，我出门后没坐车，在对面楼道口看他。他下楼，没往单位方向走，而是像有人领着一样，走到她家门口，傻子一样在那里站了一会儿……

我很快发现了他的种种异常。我们只有吃晚饭时见面，他两眼发直，举着筷子，味同嚼蜡。要不就是眼神躲闪飘忽，偶尔看我，也是冰冷生硬。

单位活动，他会抓住所有跟那女人在一起的机会。他开始关心自己的穿着，女人的衣服品牌。甚至路上看到那女人的同款车，他都要盯着看很久，拔不动腿。

他们每次相遇，都像琼瑶剧，四目含情，火花四溅。而我在旁边，像个局外人。

那女人有家，平时看起来和丈夫好得很。她其实什么都没做，就是抛个媚眼，言语上有些挑逗，仅此而已。可是，我老公偏偏被玩得魂不附体，完全不知东西南北……

我又气又伤心。质问他，他否认。但嘴上再怎么否认，行为摆在那里啊。

我知道，他精神恋爱了，他是真心喜欢她。可是，这不是校园里十几岁小孩才有的感觉吗？我女儿上初中，可能都开始早恋了吧，她爸爸现在坠入情网？多可笑啊。

我相信他和她没有身体的实质接触，可是他的魂飞了，对我越来越冷漠，像完全变了个人，说了好多伤我的话。嫌我矮（那女人很高），嫌我不会唱歌（那女人一把好嗓子）……

我整夜失眠，每天睁眼第一个念头就是，他遇到真爱了。我是黄脸婆，是孩子的妈妈和保姆。

我一看到他的样子就痛不欲生，想把他拉回来，又无能为力。我们常常吵得天翻地覆，我提了很多次离婚，他又不肯。

我现在每天照顾女儿吃完早餐，就上床大哭，没有力气起床，精神几乎崩溃。

几次想过自杀，但是想到女儿和父母……真是很痛苦很绝望，我该怎么办？

北辰说：

我们通常会犯一个错误，因为一点儿风吹草动，担心茅屋被秋风所破。

而最后恰恰是自己在慌乱中先把房盖挑了。

1

所谓茅屋，是因为并非坚不可摧。

等同于抗战时长的八年分居，何等魔噬感情，可想而知。

恕我直言，我是男人，但绝对没有勇气去维系异地八年感情的忠实。我指的是不管身体还是精神绝不出轨，只要是正常的精壮男子，都很难做到。

问题的根本，不是他爱上了谁，而是在此之前，他已经不再爱你。

你也许会问，不爱我为什么还不离婚？

这很简单，有多少婚姻在十五年以上，还有火花四溅激情洋溢的爱情？这是中国式婚姻的现状，很多人会选择无爱甚至无性的婚姻，为了完整，为了名声，为了父母孩子，总之有无数理由把自己捆绑在婚姻的围城之内，继续名存实亡的纠缠。

那么问题来了，如果放弃了对爱的幻想，做个禁欲系的男子，对外界诱惑不动声色，也就相安无事了，恰恰此时出现一个远远望去可以满足自己诉求的中意女人，这就如同死灰复燃，这种力量是庞大到不可预估的，因为压抑过，再次释放就会喷薄而出。

这就是男人魂不守舍和迷恋一种味道的原因，久旱逢甘露，渴望滋润和点燃。

2

你们的爱情怎么没的？

刚才说了，分居八年，实属硬伤。

你的不信任和遇到一点儿风吹草动就方寸大乱，无异于自揭房顶，自摧房梁。

对男人的信任是房顶，对男人的尊重是房梁。

你不信任他，所以跟踪，调查，监视，

你不尊重他，所以尖酸，刻薄，失态。

从这件事的应激反应和处理方式，可倒推你们以往的沟通交流和生活方式，异地那么久，是否也存在着不信任，遥控，追问，甚至咄咄逼人？

人都一样，缺少什么，就会特别向往补足，而不会珍视已经拥有的。

前提是他们中间有了缝隙，他对婚姻有了极强的缺失感，不满足感。这时候，只要任何一个女人，有那么一点超过你，或者有你没有的优势，就可能出问题。

3

你该怎么留住他另外的一条腿？

这么说有点儿惊悚，不过在婚姻的概念里，他的忠贞确实不完整了，因为一条腿已经在门外。你处处猜忌，却偏偏在身体上选择了信任，是不是自我安慰？是不是不愿意面对？你说你相信他没有实质问题，只是精神出轨。

我恰恰不这么认为，只闻到味道未必让一个男人失态，而吃过之后再也不给吃了，反而更折磨人。比如未婚的人，可以三十年一个人过，甚至没有性，但是已婚的试试看?

很有可能他们的关系在你到达之后被隔断，所以才有如今男人的恍如隔世，流连忘返。

他呆若木鸡，他茶饭不思，未必是向往，而是回忆。

4

你要怎么做? 很简单，两条路。

继续像现在这样做，追根溯源，找出证据，并给自己利益保全，房倒屋塌鱼死网破，不过了。

要么好好地对话，发挥女人的柔韧优势，收敛锋芒，泪眼婆娑地追溯下幸福的往事，润物无声地说说自己八年相思和照顾老人孩子的故事，再从外到内地改变自己，找回自己的魅力。

有时候男人更怕女人温润的眼泪，而非嘶吼的一刀。

♀ 月亮说：

这是个悲伤的故事。

总结下重点：

1. 你老公重返青春，陷入情网，妥妥的精神出轨。

2. 他没跟那个女人真正发生什么，身体没出轨。

3. 他不想离婚，但也收不回心。

4. 你很痛。

我的看法：

有时精神出轨比身体出轨更伤人。两个人过日子，心神一致是基本要求。如果一方魂飞天外，另一方必然痛苦。

只是，有些现实，我们还是要知道。

虽然你和他曾经彼此深爱，但据说爱情的保质期只有两年。在漫长的婚姻里，在日复一日的柴米油盐吃喝拉撒里，新鲜感神秘感渐渐消散，爱也就跟着散了，只留下情——亲情、友情、交情。

爱和情不是一回事。很可能你老公对你有情，但对她有爱。

情再深，代替不了爱，而人都渴望爱。所以夫妻几十年，偶尔分神在所难免。这是婚姻的一个重大bug，它违背人性，需要用强大的理性和自制力去克服。

可惜并不是所有人都具备这种理性，于是各种出轨层出不穷。

你老公的问题是，太不理性，完全受控于荷尔蒙。

所幸那女人并不认真，没想跟你老公怎样。你老公也不想为她离婚，可见这感情没有希望和未来。

只是他情商太低，不会掩饰，出口伤人，让无辜的你陷入刀山火海。

我的建议：

1. 你老公难以自拔，只能你帮他拔。最好把他和那个女人从距离上分开，比如换份工作。如果见不到她，他的状态一定能缓解。

2. 你们已经吵过闹过，接下来就该好好沟通了。让老公看到你的痛，认识到为了这份缥缈的爱，对你造成不可逆转的伤害特别不值得。毕竟你们要相守一辈子，伤了你，他要付出长久的代价。

3. 别总口头离婚。不想离就别提，假的就是假的，他看得出来。真想离就付诸行动，分居，写离婚协议，拽他去民政局，让他真正意识到问题的严重性。

4. 千万别把责任归结在自己身上。他精神出轨，是他的错，不是你的。不要过度自责，觉得自己多笨多差，这种自我伤害最可怕。

5. 别把这场意外看得太严重。上面说了，夫妻几十年难免分神，这是普遍存在的问题。看淡点儿，他不理性，你要理性。男人的荷尔蒙也有限，澎湃不了太久，他的魂迟早要回家的。没必要过度纠结，更不必崩溃到想自杀。

6. 尽量让你老公感受到家的温暖，用你和女儿的爱，把他的心拉回来。

以上若全无效，可以考虑离婚。

读者说：

刚看很好笑，看到最后却很心酸。是啊，哪个孩子的妈妈没年轻过，可有的男人显然已经选择忘记。亲爱的，别气馁！爱自己最重要！减肥、美容、做瑜伽、买衣服，把自己宠好。估计你家那人也掀不起什么大浪，就算他情意绵绵，那女的也不一定就范，估计就是逗他玩呢，你又何必太认真。

陶然

尊重她的选择，就是最好的选择

两位老师：

两位老师好，我现在有一个难以启齿的问题，很想麻烦你们帮助我。

我是个三十岁的女同性爱者，大学时不清楚自己的性向，和同班一个女孩很好，直到毕业后我们才互相告白。

我毕业在广州工作了一年。她是独生子女，回了家乡珠海发展。

异地恋一年后，我去了珠海，以同学好友的身份出现在她的父母面前（现在想来有点后悔）。

起初我在珠海有稳定的工作，自己租了一个单间，她有时来我这边有时回家，我们感情很好。

但是我非常非常压抑，一直很想告诉对方的家人，或者想一个不用遮掩度日的方法。特别是对方爸妈一直希望我给她找对象的时候，我就很想坦白。

到了第三年，我工作的地方解散了，一时没找到工作（我的专业在珠海工作机会不多）。当时开始一宿一宿睡不着，可能有一点儿抑郁症，对自己的情绪很难把控，生活工作中的问题我总是压抑着自己，在不能再忍受的时候总会突然流泪，感觉太无助了。

后来，我做了人生迄今为止最后悔的决定。我想她既然离不开父母，我又没勇气表明这一切，还失了业，就决定和她分手。其实我在想等她老了，等我们之间没有阻碍了，我再回去找她，但这个想法也没和她说，我说了别的借口。

到现在已经五年过去了，我一直很努力地工作，努力做好自己，曾被领导推荐出国短期学习，也做了自己的第一个画展。但是，因为设计师的工作，2016年我累倒了，工作也没有继续，一直在休息。

最近我得知她已经怀孕了，一方面替她高兴，但另一方面，这些年我的心情一直停留在当时分别的刹那，心里的痛苦一直在重复延长。

我曾经在2015年回到我们共同生活的地方，想跟她说能不能再给我一次机会，但我最终没说出口。2016年我决定跟她说，但她说她已经闪婚了。

我一直没有找对象，感觉已经没办法再爱上别人。每天晚上都在回忆、悲伤和失眠中度过。

为了忘记她，我尝试做了很多努力，但都不成功。我知道，现在她已经有了孩子有了家庭，我如果表达这种心情，只会让她跟我反目，让她的亲人、我的家人都看不上我这样一个人。

两位老师，我该怎么办才好？

◎北辰说：

平权，不仅仅在男女性别之间，也包括对“LGBT”少数人群的宽容和接纳。

你的来信，从头到尾，我都忽略了性别，只当一个千百封来信中的爱情故事。不偏不倚，不惊不扰，有泪有笑，一切都刚刚好。

这就是最好的尊重，事实上也没什么不同，都是情路，只是这条更坎坷，注定有点儿悲凉和孤独而已。

没有足够努力就放弃，放弃之后又后悔。

这是你巨大的问题所在，既然自己都意识到了，我也不多说。任何爱情都需要担当，需要面对困难和挑战，两个人相扶一生，会有无数个不知名的问题出现，如果一遇到就逃避，那么从你那里有安全感可言吗？

换个角度，也完全可以理解为，你爱得不够，爱得自私。当大事来临，往往是检验人性和爱得深浅的最好标准。

任何爱情都可能面临着双方父母的质疑、生存的压力、环境的适应性等问题。

时过境迁，她是别来无恙还是水深火热，都与你无关。

这段话听起来冷血、冷漠，甚至无情、无义，但是绝对适合现在的你。

她已经嫁人成妻，即将生子为母，不管幸福与否，不管爱与不爱都是她当下的选择，我们没有权利去臆断和打扰别人的幸福，因为你已经是过去时。

你们曾经有过，爱过，就够了，尊重别人的选择就是最好的选择。

不打扰，有时是爱一个人的最好方式。

在你的叙述中，从头到尾一直感觉你在主动，在付出，包括放弃工作去她的城市，包括你失业焦灼甚至决定分手，都丝毫没有提及她为这段感情做出的努力和态度。所以我要提醒你，大学时代的闺蜜情谊，和女同性爱之间还是有很大区别的，你可能相对确定自己的清晰性向，那么她呢？有可能仅仅是境遇性的同性爱，也就是说，在学校里相互依赖，她对你产生好感，毕业后互相表白，也有情感需要，但是这并不代表她是纯粹的同性爱者。

一旦清晰性取向，再难走也要走下去。

异性恋夫妻也一样波折，我所知道的同性爱情往往更加动人和凄迷，因为大环境，因为世人的目光。当然即便是这样，我也特别反对已经准确知道自己性取向的人，还委身于传统家庭，让别人成为同妻或同夫，这显然是不道德的。

试想一辈子去维系一个谎言，而且要身体力行，有多难，有多焦灼?

祝福你，找到自己爱的人，刚好她也爱你。

不期望一生一世，起码无怨无悔爱过。

♀ 月亮说：

同性爱比异性爱多出很多烦恼：不太容易遇到合适的恋人，恋爱也不敢公之于众，又很难得到双方家庭的认同。

而你自身又有个大问题：过于自我压抑，什么想法都憋心里，不说。

于是，恋人不了解你，身边人不了解你，全世界都不了解你。

这使你抑郁。

要改变现状，建议你从“说出来”开始。

不妨约她出来，直言相告你当初的想法和现在的悲伤，同时也说明，只是聊聊，只是倾诉，只是求解脱，不想破坏她的家庭和生活，也不妄想再续旧情。

说出来，你的痛苦就能少很多。

想来她会给你些抚慰，那是治病的良药。

解铃还须系铃人。她给你的伤痛，就麻烦她来解除吧。

人的大脑，总会对“未完成事件”念念不忘。

你跟她的种种未完成，都会在大脑里形成删不掉的大型程序，时刻保持运行，企图最后完成。

那么，你最后打扰她一次，给事情一个了结，让大脑收个尾，彻底结束无休止无意义的运转。然后你跟她路归路桥归桥，各自放下，开始新生。

人的心，空间都有限。

你现在心里装满了这个人，自然很难容下新人。

聊过之后，放下之后，心就有了空闲，卸下重负的你，才有能力接纳别人。

当然，下次再爱，请一定不要过度压抑，不要拐弯抹角，不要高深莫测，该说的话要说，该做的事要做。

你的想法，你的规划，你的感受，也许不能与外人道，但完全可以跟爱人做好沟通。

据我所知，女同性爱者的沟通交流，要比男同和异性恋更轻松顺畅。

别把优势变成了劣势，别把一万个念头都生生摁在心里，否则很可能又会是同样的悲剧收场。

这一场消耗你多年的爱情，已经足够惨痛。它应该教会你成长，你也要学会不再重蹈覆辙。

放开手，让他成长

两位老师：

我和我先生是大学校友，感情一直不错，虽然大学时期小吵不断，但我能明显感觉到他爱我，对我好。

六年前我们结了婚，之后一路争吵。现在我俩在创业，有点儿小问题就大吵起来，互相不让。他觉得我太自以为是，我觉得他嘴上喊得多，实际做得少。

我最不能忍受的是他无时无刻在玩游戏的状态。大学就喜欢玩游戏的他，后来因为各种现实原因远离了游戏，可近两年因为几个顾客的引诱，他又迷上了。开始他说是为了工作，可后来顾客都不打了，他依然着迷。除了在公司的时间能忍住，平时只要一有空闲，绝对就是玩游戏。吃饭时玩，蹲厕所玩，躺床上睡觉前也玩，等我时玩，无聊时玩……我有时和他说话，他跟没听到一样，完全不理我。我说了两遍火就上来了，大声说你有没有听到，他说你再说一遍吧，我气得要死，就去抢他手机，然后他也火，觉得我干涉了他的自由。

他每次在培训后或受过打击后就说要发奋图强，结果第二天就忘到脑后，而且忘得很彻底，我非常无语。比如，他说好和我一起做宣传，临时就会当缩头乌龟。他说好要努力要上进，要给我和父母更好的生活，但实际行动时却会偷懒打折扣。眼见父母一天天年迈，我心急如焚，毕竟创业不光有金钱成本，还有时间成本啊，父母等不了那么久啊。最重要的是，我也年纪不小了，面临怀孕生子，一想到我在家坐月子带孩子，重担都在他一个人身上，我真是觉得大山压顶、喘不过气……

我承认有时我会有点儿吹毛求疵，他在其他方面对我还是很不错的，可我就是希望他能变得更好。他自己其实也这么希望，但我一提他就生气。现在我说他几句，两人就会起争执，具体不外乎他嫌我话多，不中听，而我说他不求上进，懒散，言行不一。这一年多来愈演愈烈，已经到了火起来两个人能分分钟跑去离婚的程度了。今天我们大吵了一架，他暴跳如雷，我浑身发抖！我真是恨得不行，又毫无办法，他现在根本听不进我说话。

我自己的问题我也知道，可是看着他这样故意和我对着干又难受得抓狂，我到底该怎么办？怎么去调和这段关系？我不希望将来在小孩面前吵架，但这样下去迟早会发生这种情况。因为我们两个脾气一上来根本都控制不了……两位老师，我该怎么做？

Q 北辰说：

一、解剖故事

我想用上学时老师划分自然段落的方式来逐一阐述文字背后的真相——

第一段：事实证明，婚前不吵，婚后开吵；婚前少吵，婚后勤吵；婚前小吵，婚后大吵。

第二段：我有理由相信你说的是真的。你的主观强势、自以为是，他只说不做、行动太少，都是客观存在的问题，既然每个人都有问题，那么为何揪住对方不放，而不从自己主观改变?

第三段：玩游戏，看手机，聊微信，是很多人已经有了依赖的生活方式，不是不可以，也不能过多干涉，关键看是否过度。过度的标准就是：是否影响工作学习或者严重干扰生活，当然远忧还有健康因素。个人觉得如果一个男人下班就回家，没有其他不良嗜好，适当宽松点儿也好。我曾接过一个热线咨询，说的是三年前男朋友沉迷网络，当时女孩子想，只要能戒除游戏，怎么都行，于是她带男友去频繁社交，朋友聚会，后来发现男友接二连三出轨。女孩苦笑着说，早知道他玩女人，还不如当初玩游戏。当然这是个例，我想说的是，男人的精力需要发泄和分散，好的渠道，不伤大雅可以保留，掌控尺度就好。你别干涉太紧，管得太宽，他别放任自流，不知斤两。

第四段：看完我笑了，不瞒你说，我看到了字里行间你们的感情。男人多大都是孩子，你不觉得他就像一个不听话、自控能力有点差，甚至还有些害羞的大孩子么？管不住自己，说到做不到，常立志但不是立长志，不太好意思去做宣传……还有你担心休产假期间，担子都压在他一个人身上，难道这不是爱吗？更有点儿像对孩子的担心。要知道，聪明的女人真的要学会一生把男人当孩子，自己要当好家庭这所学校的女校长，只是不能管束，要引导，也不能娇惯，要培养。急不得，急了他逆反，因为他是孩子。

第五段：其实没看到这里，我就知道，你深爱他，他一定有很多你忽略不计的优点，事实上，如果你总是盯着一个人的缺点，这缺点就会被无限放大，当唠叨成了一种习惯，对方听着也成了习惯，话语也就没了力度。这和母子之间的亲子关系是一样的，你们没有真正地建立良好的沟通语境，一直是你在反复说，强势地说，责令对方完成。当一个男人在语言上无法占上风，就会在某一个时刻把积压的所有情绪宣泄出来，他暴跳，你暴怒，而这对解决问题没有任何意义。

第六段：既然我们已经确定了对方是孩子，那么好的引导疏通和有效的方法就很重要了，在教育心理学里，有一个身教大于言传的概念，说什么对方未必听进去，而你怎么做，却是一个立体生动的教育过程。你说明知道自己的问题，那么试问，你情绪失控凭什么要求别人？你强势凭什么不改变？你不在乎对方感受，他凭什么尊重你？

二、解剖女人

好了，我不会挑你喜欢听的说，如果站在你的立场，数落那个可怜的男人，就太业余悲催了。在夫妻双方都有问题的前提下，如果你们之间的责任三七开，别太得意，你的责任占七成。说狠点儿就是七宗罪，说委婉点儿是我给你解决根本问题的几个思考方向：

1. 缺乏将平淡日子推陈出新的能力
2. 有女性通常容易出现的唠叨重复
3. 情绪失控语出惊人难抑心中怒火
4. 价值观不同不愿意相互妥协让步
5. 依仗着对方爱你的宽容得寸进尺
6. 许你满山放火不许人家夜晚点灯
7. 明明不想离婚却朝着这个方向作

三、解剖男人

当然，如果不说说男人，你会说我偏袒同性，对女人太苛刻，来，他的三成责任，三宗罪：

1. 不够成熟依然是孩子的思维方式
2. 不会沟通不懂得女人心理低情商
3. 没有职业生涯和家庭近远期规划

四、解剖症结

各退一步海阔天空：我们要过怎样的生活？这是应该婚前统一“三观”的共识，婚后只能相互靠拢，快的停下来等等，慢的紧追几步，婚后两个人是并驾齐驱的铁轨关系，要有距离，却平行对望前行，太近了太远了都可能车毁人亡。

好话绝对不说二遍：何谓好话？对的，有用的，有意义的，站得住脚、说得出口的观点和观念。三思而后行，说出来就要执行，要有量化标准和不执行的惩罚。有效为准，绝不重复。这才能让对方尊重你的话语权。

绝不轻易撕破脸：为什么多数人愿意回忆恋爱阶段，结了婚感觉就不一样？因为彼此太不客气。为什么慨叹婚后男人没那么爱了？试想，恋爱时你多么用心地打扮自己，淑女风范地去应对每一次见面的约会，何等迷人魂魄？如今我们自我保留了几分神秘感？又怎么让男人对一个咆哮易怒、满脸嫌弃与自己的女人说爱？

好了，我是心理医生，手里有把无形的刀，庖丁解牛，剔除皮肉，可能过程有点儿疼，不知道你挺不挺得住。坚持到最后就清晰了，哪里有瘤子割除哪里，趁着没扩散，早点儿下手，祝你幸福。

其实，我看出来了，你们彼此深爱。

♀ 月亮说：

凌凌，你好。

你的婚姻挺典型的，很多女人都有你这样的困扰：

老公不务正业。可能是玩游戏，也可能是玩麻将、玩手机、赌博、游山玩水……各种玩，就是不干正事。

与老公分歧重大，各有想法，互不相让。你们是创业问题，别人可能是买房子、生孩子、婆媳关系的问题。

夫妻彼此不满。我嫌你不求上进，你嫌我吹毛求疵。俩人又都是暴脾气，因为深度不满，分分钟火冒三丈，分分钟暴跳如雷，分分钟想跟对方永别。

其实你很幸运，和老公感情基础不错，婚姻基础雄厚。只是这么吵下去，再厚的感情家底，可能也让你们挥霍没了。

所以改变迫在眉睫。

我的疗愈方案有三点：

一、把你老公拉到责任区

你们现在最大的问题，是你把责任都揽到自己身上了。所以你大山压顶、喘不过气，他游手好闲当缩头乌龟。

其实很多男人不务正业，就是没在正业上感到压力和动力。正气不足，邪气才盛。比如游戏瘾，这不是你发几次火，抢几次手机能解决的。你需要做的，是把工作的主要责任扔给他，是真的交付，而不是一边自己扛着，一边骂他不帮忙。当他真正意识到不干不行，切实感受到事业的压力，他一定会展现出新的面貌。

正事儿都忙不完，还哪有时间和闲心玩游戏？

不全力以赴公司就完蛋，还哪有理由当缩头乌龟？往哪儿缩啊？缩回来谁帮他顶着啊？没人顶就只能硬着头皮自己干了。

于是他就上路了。

所以我建议你马上准备生小孩，把主要工作交给你老公，你适当辅助就好。别担心他干不了，他行的。

二、修正你的毛病

你有两个大问题，一是完美主义，二是控制欲太强。这是和谐关系的大敌。

完美主义是病，得治。因为任何一个男人都不可能完全满足你的要求，如果你不懂得包容退让、忽略小瑕疵，日子是不会好过的。

控制欲强就更可怕。你什么都想掌控他，让他言听计从，而他又不甘心被掌控，总想摆脱你的魔掌，你俩又都是暴脾气，不吵架就怪了。

甚至，如果你最后胜利了，把他规矩好了，他的心气斗志可能也就没了。一个强势的女人，后背多半会背着个没出息的男人。嗯哼。

所以你要懂得放手，给男人一方天地和自由，让他尽情地施展发挥。他的成绩，可能会超出你的想象。

三、好好说话

他现在完全不想听你说话，说明你之前跟他的沟通方式太粗暴。想让别人愿意听，你的话就不能太难听，态度也不能太恶劣，否则你一开口，他立马全副武装想跟你对战，你说得再对他也想跟你对着干。最后就是费半天劲儿，一点儿问题没有解决，还闹个他暴跳如雷，你浑身发抖，傻不傻。

最后想说，男人通常成熟得比女人晚，有时候需要你等一等。所以，不要急，给他时间，让他成长。

读者说：

站在女人立场上，女主固然有些脾气暴，唠叨，但是她也是恨铁不成钢，明明男人是扶不起的阿斗，他如果自律些，会知道轻重缓急，会挑起担子，不至于让女主这么焦虑 压力大。明明是个巨婴，还要女主自我麻痹，为何总是女人迁就男人，男人不主动自省，还扯后腿，都是惯的臭毛病。

云翦愁

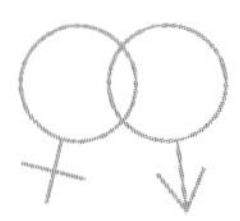

附录　快问快答

Q1：丈夫小脾气小性子，有时候都不知为什么不高兴，短时间七八天，长时间一年不理人，怎么破?

月亮：妈呀，一年不理人！真厉害！你碰上茬子了，得比他更厉害才行。要么以暴制暴，两年不理他。要么雷厉风行，他一小时不理你，你就拉过他来问问他要闹哪样，别给他不理你的机会。

北辰：小男人才使小性子。让女人去猜男人实在是一种莫大的痛苦。冷暴力是一种无能的表现，要么沟通能力有障碍，要么根本不爱。前者好好教教他，后者让他赶快滚蛋。

Q2：家里总是逼我和自己不喜欢的类型的人相亲，真的很痛苦，又怕自己以后真的找不到对象，怎么办？又想结束单身，又不想和自己不喜欢的人勉强相处怎么办？现在一提相亲就头皮发麻，不敢去。

月亮：1. 条件基本合适就去，不就是见个人么。2. 不喜欢就不处，干脆果断。3. 总会遇到合适的，苦尽甘来。

北辰：谈恋爱看类型，要结婚得深入。不妨广撒网少捕鱼，高抬腿轻落步，没准就能有收获。爱是在逐渐了解中出现的，有时候不接触，没见过，我们并不知道自己真正喜欢什么。

Q3：怎么知道一个男人爱不爱我啊？

月亮：问他这个问题。

北辰：如果感到幸福你就拍拍手，如果感到幸福你就跺跺脚。没听过吗？让你开心到捶胸顿足的男人就一定是爱你的了。

Q4：我们之间存在很多问题，我憋在心里特别难受，但是说出来肯定要吵架，怎么办？

月亮：说。好好说。很多婚姻的病，都是憋出来的。

北辰：说出来就要吵架，这就不是解决问题的对话方式，是在责怪对方，或者极力要说服对方，出发点就错了。要尝试保留不同意见，求大同存小异，观念不同不必激动。

Q5：我女朋友劈腿了，对方大她十七岁。我真心不能接受也不能理解。是不是现在的女人都喜欢大叔呢？

月亮：你理解能力不太行啊。我是女人，我满怀诚意地告诉你，女人喜欢谁，跟年龄关系不大，顺眼的，大二十七岁也行；不顺眼的，同年同月同日生的也不想跟你一起过生日。

北辰：如果她年龄足够大，那么很可能小她十七岁的出轨对象，也是完全有可能的，你没有get到重点，重点是你缺什么，人家有什么。

Q6：二十九岁了，还没有找到合适的对象，三十岁前嫁人的规划要破灭了，我会不会一辈子孤独终老啊？

月亮：几点起床能规划，几岁嫁人不能规划。谁知道你哪天走在哪条街上撞上哪个人又不由分说爱上他？没事多出去遛遛，不会孤独终老的。

北辰：这个规划太刻意了，因为有个三十岁的心理限定嫁人年龄，所以导致此前不急，现在慌乱，感情是随缘来去、随遇而安的。不要忙着寻找别人，而是应该打造自己。修炼好了，他就来了。

Q7：已婚。想出轨。

月亮：离婚。随便滚（床单）。

北辰：出吧。只要你有焚身以火的准备，只要你有破釜沉舟的想法，只要你放弃原则和底线，做好了车毁人亡、人仰马翻的准备。谁还没犯过无法挽回的错误呢。

Q8：对我的男神情有独钟，努力了三年，但他好像对我没啥意思。痛苦得不要不要的。

月亮： 三年都没捂热，希望渺茫了。爱上一匹野马，你家里得有草原。不如好好回家种草吧。否则就算收服野马，也保不准草原会不会长在你头顶。

北辰： 你说谎。明明这三年，你跟打了鸡血一样，劲头足得不要不要的。努力过了就不会有遗憾。你爱他，他才是男神，不爱了，就是男神经。换个角度没准你能成为他的女神呢!

Q9： 老婆动不动就跟我冷战，不跟我说话，不接我电话，微信上拉黑我，有时候看着她那张脸，我真想跟她永别。这种女人怎么治?

月亮： 先问问她想不想跟你永别吧。想就没啥说的了，不想你就拉黑她，以毒攻毒。

北辰： 不到万不得已，谁愿意自己把自己打入冷宫，还不是无法沟通。好的夫妻关系是“三观”融合，彼此谦让，互相尊重，体谅对方。这样就没有解决不了的问题。

Q10： 我老婆和我妈是仇敌。我对我妈好点儿，老婆就一顿骂。对老婆好点，我妈就一顿骂。这水深火热的日子怎么过啊?

月亮： 以我的经验，通常让老妈和老婆变成仇敌的男人，都欠骂。不想水深火热，你得先醒醒。

北辰： 在心里把对方预设成敌人，任何关系都只能是对立的。最悲催的就是两个女人在争夺一个男人的爱，而不是争着去爱一个男人，把她们变成后者，你就赢了。

Q11：老婆赚钱特别少，还整天大手大脚，我一个人养家、还房贷，压力特别大。说她还不听，愁死了。

月亮：我也愁死了。不如让她管管钱，让她也愁死?

北辰：老婆赚钱少咋了，这要是旧社会，你还得拼命养好几个呢！是男人就别抱怨，谁让你娶人家呢？多赚钱，少BB。快去吧，还愣着干吗？哈哈！

Q12：结婚快十年了，公婆还是不认可我，一有机会就让老公跟我离婚。我和老公感情挺好的，过得也挺好，真不知道公婆为啥要这样?

月亮：我也不知道。不过也不用知道。你和老公好好过，做到儿媳的本分就成。别的，爱咋咋地。

北辰：他们闹哪样都不重要，重要的是要施展你的狐媚妖术，让你老公五迷三道，就算他妈是雨婆婆，他爸是雷公公，他也依然风雨雷电，岿然不动就好了。

Q13：最近有一个女同事，对我特别好，已经明确表示爱上了我，我也很喜欢她。可是我结婚七年了。是不是真有七年之痒这回事儿啊？我该怎么选?

月亮：要是五年前遇到这个女同事，你可能就要问是不是有两年之痒这回事了。想痒的人，随时痒。不是风动，不是幡动，是不靠谱的人逮到机会就心动。你都动成这样了，我说选你老婆，你听我的不？

北辰：痒不痒自己知道，痒了也得自己回家和媳妇去挠，别指望外面的小手儿。不要给自己下半身痒了找借口。你没啥资格选择。

Q14：前夫出轨，我们离婚半年了。每一天我都在痛苦中度过，现在很想复合。可是如果我主动说，前夫会不会觉得我很贱？以后会不会再次出轨？我已经快撑不下去了。

月亮：你好像是个冲动型人才。当初要离婚的是你，现在要复合也是你。我觉得有点那啥。这次先给前夫来个友好的信号吧。以后记住莫冲动，要勇勇到底，要㞞㞞到底。

北辰：这个问题是应该在离婚前想清楚的。觉得可以原谅，就不应该离婚，既然分开了，就别去自揭伤疤了。痛苦是因为你死揪住一棵树不放，试试放眼森林。对了，连他自己都不知道以后会不会出轨。

Q15：我有过一段婚姻，因为对方家暴离婚。现在再婚一年，之前都很好，但不久前我老公有了外遇，给人家承诺了，铁了心跟我离婚。想到自己两次婚姻失败，欲哭无泪，现在对男人超级绝望，世上还有好男人吗？

月亮：好男人很多很多很多，但是他们都在心明眼亮的好女人手里。所以，两个关键词：第一，你要好，第二，你眼神要好。

北辰：有的。因为你没准备好，自我格局不够，所以你看不见。自带魅力的女人等于开了爱情的天眼，那样你才会看得见他们。别吵吵，去学习。

Q16：妻弟住我们家五年了，前几年上学，这两年离职四五次，现在干脆在家玩游戏，不是养不起，是看着各种不舒服，怎么办？

月亮：养得起也不能养。养他就是害他。一个成年人，天天在姐姐家玩游戏算怎么回事？别说是姐夫，亲爹也不能忍。跟你老婆讲明利弊，让老婆赶他走。

北辰：告诉她：我娶的是你，不是你弟。能看到希望和进步的叫培养，看不到的叫溺养。是好样的，我得心甘情愿，是这样的，我没有义务。

Q17：请老师给出为什么要生孩子的正解，媳妇百般抵抗，经常问我这个问题，哪有女人能生却不生的道理呢？

月亮：这事不是讲道理能解决的。相信该说的你也都说了。我倒建议你从感性上引发一下。之前有个闺蜜，死活不想生二胎，结果有次看到一个小男孩领着妹妹玩的视频，瞬间心就化了，现在她家老二都三岁了。

北辰：没有正解。生不生是女人的权利，能生不一定就必须生，就像我们都具备把别人弄死的能力，但不一定就会去做。有这个能力，还得看人家愿不愿意。再说，这事你们婚前应该达成一致的。

Q18：出轨。我。女。三次。老公不理解，我也不理解自己，我是怎么了？

月亮：猫爱吃鱼，逮到就吃。猫是怎么了？猫没怎么，是鱼太好逮，吃鱼的惩罚也不重。要是吃一次被打断一条腿，估计两次以后就不敢了。

北辰：惊讶。我。男。羡慕。连男人都惊呆，出轨三次，居然老公还在，实属不易，我理解，估计是上瘾了，就像偷东西，一旦得逞，还没惩罚，就成惯犯了，偷人亦如此。

Q19：都说屋漏偏逢连夜雨，我这是一步一个坎啊，老公乙肝，他爸瘫痪，他妈癌症，我真撑不下去了，离开是不是太不人道？

月亮：离开对他不人道，不离开对你不人道。不忍心劝你做圣母，弱弱地建议下，不如，再撑半年看看？

北辰：谁家没有经，就你的难念？我丝毫不同情弱者，我只佩服强者。我欣赏把风雨踩在脚下鄙视它们，就算伤痕累累也笑靥如花的人。当然，离开只能说明是很平凡，不伟大也不卑鄙。

Q20：丈夫撒谎成性怎么办，倒也不是大事，比如花三百买的首饰，非让人家贴一千的标签哄我开心。

月亮：愿意哄你开心就是好同志。技巧不高就别追究了。

北辰：还知道哄你开心，就不太坏。听话听音儿，看出发点啊。我要是你，不拆穿他，这事可以忍。只要不用这种招数去糊弄别的女人就好。做女人要有智慧。

Q21：我妈和我爸总吵架，每次都找我评理，老公不让我管，因此我们也总吵架，摊上不省心的爹妈，咋办？

月亮：管得了就管，管不了别瞎管。管别人之前，先管好自己家。

北辰：小时候你让爸妈费心的地方还少吗？一把屎一把尿喂大你容易么？哈哈。别抱怨，他们就是老了，没事不吵吵架，折腾折腾你们，没准都没有存在感了，我们也许一年回不了几次家。笑着听听就好，不能真管，因为也许没有对错。

Q22：老公哪哪都好，人帅，赚得多，情商也不低，谁都说好，可是就那里不好，一次两分钟，愁人啊，我是不是欲女？这日子过不过呢？

月亮：过呗。除非床事对你太重要，否则十全九美也挺美。婚姻里面，总有几件事得凑合。当然，能想办法帮他提升一下就最好了，可以考虑去医院看看。

北辰：当然不是欲女，给你普及下欲女的概念，一次两分钟的才不是，两分钟要一次的才是呢。性，也是婚姻赋予女人的基本权利，你在维权，必须坚持。哪儿都好也没用，男人必须得像个战士，你见过没瞄准就射击的吗？有病上医院和医生对话，没病上床和你操练。

Q23：我妹妹谈了一个男朋友，直接住我们家来了，才认识三个月，对我妹和全家都不错，甚至好得有点低三下四，我怎么总觉得事情不对劲儿，老师，你们说哪里不对呢？

月亮：这事儿也不能凭感觉。既然住你家了，你就借机好好观察吧，人品、能力、“三观”，发现不对及时劝退。我们的原则是不收留坏人，也不冤枉好人。

北辰：是不太对，吓唬一下你妹妹：你男友对我特别好，你不怕出事啊？哈哈。说实话，这男人自尊心不太强，很可能日后会干出没皮没脸的事儿来。提醒你妹，他不要面子，咱们得要，男人不能轻易领回家，还有一大家子人呢。

Q24：老婆歇斯底里，我都怀疑有没有精神问题，拖鞋没放好也吵，而且必须把你从外面拉回来，放好才能出门，真要疯了，诸如此类，万般遭罪啊！

月亮：想起一句话：男人从不主动吵架，但他们总有办法逼你跟他吵架。有时候男人的邋遢随性真挺让人崩溃的。说一次不听，说两次不改，说十几次自然就要歇斯底里了。当然，如果你第一次有点儿小错，她就歇斯底里，你也可以考虑她有点儿小错，你就跟她暴吵，以其人之道还治其人之身，然后跟她分享一下感受。

北辰：恭喜你，又找到了一个妈妈。哈哈。她在严苛地教育你，管理你，培养你，操练你。看样子是个有洁癖倾向的女人，爱干净、爱规矩、井井有条不是毛病，但是凡事有尺度，过了就容易成强迫症了。建议去医院做心理测评。

Q25：大学男同学来看我，带了好多东西，然后居然有一个袋子里出现一枚安全套！关键被我老公看到了，非要说我们关系不正常，还要三方对峙，妈呀，这事儿咋解释啊？其实我估计最多是他忘在里面的，都是奇葩。咋整？

月亮：哈哈哈，你男同学心真大。当然不排除他是想见你时用一下的。这事儿好解释，你跟老公说：要真有事儿，这枚安全套早该完成使命了，它应该出现在酒店垃圾桶，而不是完完整整在这儿丢人现眼。

北辰：多简单，我要是你，当你老公面打电话给男同学：老铁，你去酒店约炮时候拿的什么袋子啊，整反了！太不注意了，这样多不安全。

Q26：我小姑子死了，二十五岁突然车祸离开，说好的婚期延迟了一年，结果就在准备订酒席时候，他二姨又突然脑溢血去世。她妈原来就看不惯我，说我是克星，现在这两个事加一起，他居然也这么认为了，要分手。八年了，怎么办？

月亮：他是妈宝男，偏偏他妈讨厌你。这是根儿。你如果特别想嫁，就拼命讨好他妈吧。否则将来他妈跳广场舞闪了腰也是你克的，印度洋海啸都是你引起的。

北辰：告诉他，和你在一起这八年，做了两次人流，做饭手割破二十次，股票赔了八十万，还忍受了两百多次白眼，你都一直坚持着，请问：你克不克我？

Q27：被抛弃无数次，我还该不该相信爱，我是没人要的货吗？

月亮："被抛弃无数次"，说明被喜欢过无数次嘛。没有喜欢，哪有在一起？没有在一起，哪有被抛弃？你要修炼让喜欢你的人一直喜欢你，徒有其表不行，内涵得跟上。

北辰：被抛弃，也许是你还不够好，不够被珍惜。换个角度，被抛弃可以理解为自己没留住。如果是货，那就得是奢侈品，才会被珍视，那么从做工、品牌打造自己吧。

Q28：离婚不是我提出来的，但是他却要我净身出户，明明是他出轨，为什么有这么不要脸的男人啊。神啊，救救我吧！

月亮：告他啊。神不一定救你，但法官能，法院不会纵容渣男不要脸的。

北辰：这就是人渣本人啊。一切都合情合理那不成优秀丈夫了。拿到出轨证据，一纸诉状，让他脱下你给买的底裤，滚球子。

Q29：我们结婚十七年，分居了八年多，因为是两地工作调动频繁，妻子和邻居暧昧，我该理解还是原谅，离开还是咋办？

月亮：仅仅暧昧，我表示理解。人非圣贤，感情不能太闲。你要考虑的不是要不要离开老婆，而是离不离开单位。想要这个家的话，就老老实实回来，把老婆的生活填满才是正经事。

北辰：所谓丈夫，一丈之内才是夫。离媳妇八百丈远，你敢说自己从没和别人有过？如果没有，我挺佩服你，你是伟大的，但是你娶了一个平凡的女人。她病了需要人送医院，家里水管漏了需要人修，这些邻居老王最合适不过了。原不原谅要看你的心理承受能力。

Q30：老师信命吗？我谈了三个女友，都是心机婊，骗财骗色，都不是爱我的，我还有可能遇到真爱吗？

月亮：任何人都可能遇到真爱，前提是你的打开方式得对，你的眼力实力得够。你要是一无是处，又只会从交友软件上找女朋友，只会在大马路上捡女朋友，就别怪命了。

北辰：我信命。因为是天定。但是还有句话，我也深信不疑，那就是人定胜天，运是掌握在自己手中的。注定的命和人造的运加在一起，才是命运。骗子固然是可恶的，但有时屡次被骗也是可耻的。

图书在版编目（CIP）数据

婚恋心理学：爱过你，不如爱着你 / 李月亮，北辰著. —北京：九州出版社，2017.8
ISBN 978-7-5108-2811-9

Ⅰ. ①婚… Ⅱ. ①李… ②北… Ⅲ. ①散文集—中国—当代 Ⅳ. ①I267

中国版本图书馆CIP数据核字（2017）第219947号

婚恋心理学：爱过你，不如爱着你

作　　者　李月亮　北辰　著
出版发行　九州出版社
地　　址　北京市西城区阜外大街甲35号(100037)
发行电话　(010) 68992190/3/5/6
网　　址　www.jiuzhoupress.com
电子信箱　jiuzhou@jiuzhoupress.com
印　　刷　三河市中晟雅豪印务有限公司
开　　本　880毫米×1230毫米　32开
印　　张　9.5
字　　数　180千字
版　　次　2017年11月第1版
印　　次　2017年11月第1次印刷
书　　号　ISBN 978-7-5108-2811-9
定　　价　39.80元